Tom Sawyers Abenteuer

Ein Leseprojekt
nach dem
gleichnamigen Roman
von Mark Twain

erarbeitet
von
Michaela Greisbach

Illustrationen
von
Oleg Assadulin

Cornelsen

Inhaltsverzeichnis

Kapitel 1

1 „Tom!"

2 Keine Antwort.

3 „Tom!"

4 Stille.

5 „Ich möchte nur wissen, wo der Junge wieder steckt",

6 dachte Tante Polly und sah sich im Zimmer um.

7 „Tom!", rief sie erneut. „Na warte, wenn ich dich kriege!"

8 Sie stieß mit dem Besen unter das Bett. Doch nur

9 die Katze sprang aufgeschreckt darunter hervor.

10 Tante Polly suchte den Jungen vor dem Haus. Aber
11 auch draußen war er nicht zu finden. Als sie wieder
12 ins Haus zurückkam, hörte sie ein Geräusch.
13 Tante Polly erwischte Tom gerade noch
14 an seinem Hosenträger.
15 „Also, hier steckst du, in der Speisekammer! Das hätte
16 ich mir eigentlich denken können."
17 Sie sah, wie Tom die Hände hinter dem Rücken
18 versteckte. „Was hast du da?", fragte sie Tom.
19 „Nichts", antwortete Tom.
20 „Nichts? Zeig mal deine Hände! Und was ist das da
21 an deinem Mund?"
22 „Ich – ich weiß nicht, Tante", stotterte Tom.
23 „So? Aber ich weiß es! Marmelade ist das! Hundertmal
24 hab ich dir gesagt, du sollst nicht an die Marmelade
25 gehen! Sonst gibt's was hinter die Ohren!"
26 Da rief Tom: „Oh, Tante! Guck mal, da hinten!"
27 Tante Polly ließ den Jungen vor Schreck los und drehte
28 sich um. Im gleichen Augenblick rannte Tom zur Tür.
29 Er lief nach draußen und kletterte geschickt über
30 den hohen Bretterzaun. Dann war er verschwunden.
31 Tante Polly stand einen Augenblick lang völlig
32 überrascht da. Dann musste sie lachen. Sie konnte Tom
33 nie lange böse sein.
34 „Nein, so ein Junge", sagte sie. „Langsam müsste ich
35 seine Streiche doch kennen."
36 Tom war das einzige Kind der verstorbenen Schwester
37 von Tante Polly. Nach dem Tod der Schwester hatte
38 Tante Polly ihren Neffen zu sich geholt. Nun zog sie
39 Tom groß, zusammen mit Sid, ihrem eigenen Sohn.

40 Tom spielte Tante Polly häufig Streiche. Er dachte sich
41 immer wieder etwas Neues aus. Doch die Tante kannte
42 Tom gut.
43 „Heute Nachmittag wird er bestimmt wieder die Schule
44 schwänzen", dachte sie.
45 Tante Polly drückte die Tür der Speisekammer
46 ins Schloss und seufzte.
47 „Aber das lass ich ihm nicht durchgehen. Wenn Tom
48 heute nicht zur Schule geht, muss er mir morgen
49 zur Strafe bei der Arbeit helfen. Das wird ihm bestimmt
50 nicht gefallen. Denn morgen ist Samstag und
51 alle anderen Kinder haben frei."

Fortsetzung folgt

1. Im ersten Kapitel sucht eine Tante ihren Neffen.

a) Wie heißt die Tante?
   Schreibe ihren Namen auf die Linie.

b) Was hast du über die Tante erfahren?
   Unterstreiche die richtigen Sätze farbig.

Sie zieht ihren Neffen groß.

Sie kennt ihren Neffen
nicht gut.

Sie kann ihrem Neffen
nicht lange böse sein.

Tante

2. Die Tante findet den Neffen schließlich.

a) Wie heißt der Neffe?
   Schreibe seinen Namen auf die Linie.

b) Was hast du über den Neffen erfahren?
   Unterstreiche die richtigen Sätze farbig.

Er nascht Honig.

Er spielt der Tante
häufig Streiche.

Er schwänzt manchmal
die Schule.

**3. Warum wird Tom von seiner Tante großgezogen?
Beantworte die Frage mit eigenen Worten.**

**Tipp: Lies noch einmal die Zeilen 36 bis 39
auf Seite 4.**

_____

_____

**4. Tom wächst gemeinsam mit Tante Pollys Sohn auf.
Wie heißt er?
Ergänze den richtigen Vokal (Selbstlaut).**

a / e / i / o / u

Tante Pollys Sohn heißt S ⬤ d.

**5. Tante Polly hat viel Arbeit. Wenn Tom die Schule
schwänzt, muss er ihr zur Strafe am Samstag
bei der Arbeit helfen.
Bei welchen Arbeiten würdest du <u>nicht</u> gern helfen?
Kreuze an.**

❏ das Geschirr abwaschen
❏ den Hühnerstall ausmisten
❏ den Mülleimer leeren
❏ den Gartenzaun anstreichen
❏ die Treppe fegen
❏ das Unkraut ausrupfen
❏ den Keller aufräumen

Kapitel 2

1 Sid hatte Tante Polly verraten, dass Tom nicht
2 in der Schule gewesen war. Zur Strafe musste Tom
3 am nächsten Tag den Gartenzaun anstreichen.
4 Es war ein wunderschöner Morgen. Die Sonne schien
5 hell und warm. Tom betrachtete den Gartenzaun.
6 In der einen Hand hielt er einen Eimer mit Farbe,
7 in der anderen einen Pinsel. Der Zaun war ungefähr
8 fünfzehn Meter breit.
9 Tom hatte bei diesem Wetter überhaupt keine Lust,
10 den Zaun anzustreichen. Er wollte viel lieber
11 mit seinen Freunden schwimmen gehen.
12 Schlecht gelaunt setzte er sich auf eine Tonne.

13 Bald würden seine Freunde vorbeikommen. Und sie
14 würden ihn sicherlich auslachen. Sie mussten gewiss
15 nicht am Samstag arbeiten!
16 Während Tom auf der Tonne saß, kam Ben Rogers
17 [sprich: Ben Rodschers] den Weg entlang. Plötzlich hatte Tom
18 eine großartige Idee. Er nahm den Pinsel und machte
19 sich an die Arbeit.
20 Ben blieb stehen. Er grinste und sagte: „Na, hast du
21 nichts Besseres zu tun?"
22 Tom antwortete nicht. Er strich weiter, ohne Ben
23 anzuschauen. Nach jedem Pinselstrich prüfte er
24 seine Arbeit genau. Dann fuhr er mit dem Pinsel
25 noch ein zweites Mal über die frisch gestrichene Stelle.
26 Tom schien völlig in seine Arbeit vertieft.
27 „Hallo, Tom! Du musst heute schwer arbeiten, was?",
28 schrie Ben nun in Toms Ohr.
29 „Ach, Ben! Du bist's! Ich hab dich gar nicht bemerkt."
30 Tom hörte nicht auf zu streichen.
31 „Ich geh schwimmen. Kommst du mit?" Bevor Ben
32 weitersprach, lachte er laut auf. „Oder arbeitest du
33 bei solch schönem Wetter lieber?"
34 Tom sah Ben erstaunt an. „Arbeiten? Wieso arbeiten?"
35 „Na, ist das vielleicht keine Arbeit?" Ben wunderte sich.
36 Tom tauchte den Pinsel in die Farbe.
37 „Vielleicht ist es Arbeit. Vielleicht aber auch nicht",
38 sagte Tom. Er setzte den Pinsel neu an. „Ich weiß nur,
39 dass es mir Spaß macht."
40 „Es macht dir Spaß?", fragte Ben ungläubig.
41 „Na klar, einen Zaun streicht man ja nicht alle Tage."
42 Ben schien nachzudenken. Dann bat er: „Lass mich
43 auch mal streichen."

44 „Nee, nee, das geht nicht." Tom schüttelte den Kopf.

45 „Tante Polly will, dass ich das mache."

46 Ben dachte nach. Dann schlug er vor: „Du bekommst

47 auch meinen Apfel."

48 Tom zögerte. Ben sollte nicht merken, wie sehr er sich

49 freute. Schließlich nahm er den Apfel und reichte Ben

50 den Pinsel.

51 Ben machte sich an die Arbeit. Er kam ordentlich

52 ins Schwitzen. Tom setzte sich in der Zwischenzeit

53 wieder auf die Tonne.

54 Kurz darauf kam Billy Fisher [sprich: Billi Fischer] vorbei.

55 Nach einer Weile erlaubte Tom auch ihm, ein Stück

56 des Zauns zu streichen. Dafür schenkte Billy Tom

57 seinen Papierdrachen. Etwas später kam Bobby Miller

58 dazu. Er gab Tom drei Murmeln fürs Streichen.

59 Am Nachmittag war der Zaun fertig gestrichen und

60 Tom war reich. Er hatte einen Apfel bekommen,

61 einen Drachen aus Papier, zwölf Murmeln,

62 das Mundstück einer Trompete, eine Garnrolle,

63 einen verrosteten, alten Schlüssel und

64 ein Stück Kreide.

65 „Das ist ein besonders schöner Samstag", dachte

66 Tom.

Fortsetzung folgt

1. **Tom steht mit Eimer, Farbe und Pinsel**
   vor dem Gartenzaun.
   Welche der folgenden Sätze sind falsch?
   Streiche sie durch.

> Tom will den Gartenzaun anstreichen.
> Tom soll den Gartenzaun anstreichen.

> Tom würde lieber mit seinen Freunden
> schwimmen gehen.
> Tom würde lieber das Geschirr abwaschen.

> Tom befürchtet, dass Fremde ihn auslachen.
> Tom befürchtet, dass die Freunde ihn auslachen.

> Toms Freunde gehen ohne ihn schwimmen.
> Toms Freunde streichen den Zaun an.

2. **Ben und die anderen Jungen streichen**
   an Toms Stelle den Zaun an.
   Wie bringt Tom sie dazu?
   Sprecht in der Klasse darüber.

3. Was schenken Ben und die anderen Jungen Tom?
Sortiere die Silben in der richtigen Reihenfolge.
Schreibe die Nomen (Namenwörter) auf die Linien.

Die Jungen schenken Tom:

| fel | Ap | | einen _____ |

| chen | Dra | | einen _____ aus Papier |

| meln | Mur | | zwölf _____ |

| pe | Trom | te | das Mundstück einer _____ |

| rol | Garn | le | eine _____ |

| sel | Schlüs | | einen verrosteten, alten |

_____

| de | Krei | | ein Stück _____ |

4. Die Geschichte spielt vor über 100 Jahren.
Damals gab es noch nicht viel Spielzeug für Kinder.
Was würden die Freunde Tom heutzutage
vermutlich schenken?
Schreibe drei Dinge auf die Linie.

_____

Kapitel 3

1 *A*ls Tante Polly den frisch gestrichenen Zaun bewunderte,
2 rief sie stolz: „Na, also! Wenn du nur willst, kannst du
3 richtig ordentlich arbeiten!" Und leise fügte sie hinzu:
4 „Leider willst du nur allzu selten."
5 Tante Polly nahm Tom zur Belohnung mit in die Speise-
6 kammer. Während sie unten im Regal einen besonders
7 großen Apfel für ihren Neffen aussuchte, naschte er
8 heimlich an einem Kuchen. Schließlich gab Tante Polly
9 Tom einen Apfel. Er steckte ihn ein und lief nach draußen.

10 In diesem Moment bog Sid um die Ecke. Er war morgens
11 zum Baden an den See gegangen. Sofort formte Tom
12 dicke Klumpen aus dem weichen Erdboden neben
13 der Treppe. Und im nächsten Augenblick flogen
14 die Klumpen Sid entgegen. Tom war nämlich wütend,
15 dass Sid ihn bei Tante Polly verraten hatte. Sid ging
16 in Deckung und brüllte. Tom aber sprang über den Zaun
17 und war verschwunden.

18 Bis zum Abendessen lief Tom durch die Straßen
19 der kleinen Stadt. Hin und wieder blieb er stehen und
20 beobachtete die Leute in ihren Gärten. Plötzlich sah er
21 im Garten von Richter Thatcher [sprich: Sätscher]
22 ein wunderhübsches Mädchen. Tom kannte es nicht.
23 Es hatte blaue Augen und langes blondes Haar, das
24 zu zwei Zöpfen geflochten war. Tom ließ das Mädchen
25 keine Sekunde aus den Augen. Erst als es im Haus
26 verschwand, machte er sich auf den Heimweg.

27 „Was fällt dir ein, Sid mit Erde zu bewerfen?", schimpfte
28 Tante Polly.
29 Tom hörte gar nicht hin. Er griff in die Zuckerdose und
30 schob sich ein Stück Zucker in den Mund. Tante Polly
31 schlug ihm sogleich auf die Finger. „Du sollst vor
32 dem Abendbrot nichts Süßes essen", sagte sie streng.
33 Tom wurde wütend. „Sid kriegt nichts auf die Finger,
34 wenn er Süßes isst!"
35 „Sid ist auch nicht so frech wie du", sagte Tante Polly.
36 „Wenn ich nicht aufpassen würde, würdest du
37 den ganzen Tag nur Zucker und Marmelade essen."
38 Tante Polly ging noch einmal in die Küche zurück.

39 Sid griff nach der Zuckerdose. Er guckte Tom dabei
40 schadenfroh an. Dann ging alles sehr schnell:
41 Die Zuckerdose glitt ihm aus der Hand und zerbrach.
42 Tante Polly kam ins Esszimmer zurückgelaufen. Tom
43 sagte nichts. Er freute sich still. Dieses Mal hatte Sid
44 etwas angestellt. Dieses Mal würde Sid die Strafe
45 bekommen. Doch im nächsten Augenblick erhielt er
46 von der Tante eine deftige Ohrfeige.
47 „Aua! Warum haust du denn *mich?*", schrie Tom
48 die Tante an. „Ich hab gar nichts getan! Das war Sid!"
49 Tante Polly wusste nicht, ob sie Tom glauben sollte.
50 Hatte sie ihn womöglich zu Unrecht bestraft?
51 Tante Polly entschuldigte sich nicht bei Tom. Aber
52 ein schlechtes Gewissen hatte sie doch.

Fortsetzung folgt

1. **Tom und Sid wachsen auf wie Brüder.**
   Sie sind aber eigentlich Vettern.
   Welche Aussagen stimmen?
   Verbinde.

Tante Polly ist	Tante Pollys Neffe.
Tom ist	Toms Tante.
Sid ist	Sids Mutter.
Tante Polly ist	Tante Pollys Sohn.

2. **Tom bewirft Sid mit Erde.**
   Warum tut er das?
   Ergänze in der Antwort die fehlenden Namen.

   > Tom / Tom / Sid / Tante Polly / Tom / Sid

   ＿＿＿＿ hat ＿＿＿＿ verraten. Er hat ＿＿＿＿＿＿＿
     wer?   wen?   wem?

   erzählt, dass ＿＿＿＿ die Schule geschwänzt hat.
                      wer?

   Darüber hat sich ＿＿＿＿ geärgert. Deshalb bewirft er
                            wer?

   ＿＿＿＿ mit Erde.
    wen?

3. Tom beobachtet ein Mädchen.
Wie sieht das Mädchen aus?
Schreibe in dein Heft.

Tipp: Die Fragen helfen dir.

Welche Augenfarbe hat das Mädchen?
Wie lang sind die Haare des Mädchens?
Welche Farbe haben die Haare des Mädchens?
Welche Frisur trägt das Mädchen?

4. Die Zuckerdose fällt vom Tisch und zerbricht.
Sid ist schuld daran.
Wer denkt nun was?
Schreibe jeweils den richtigen Namen
auf die Linie unten und die Linien auf Seite 18.

Tom / Sid / Tante Polly

Das war bestimmt Tom.
Der Junge hat nur
Dummheiten im Kopf.

_____

Jetzt ist er dran. Jetzt wird
Tante Polly ihn bestimmt auch
einmal bestrafen.

_____

Ha, ich kann machen, was
ich will.
Ich werde sowieso nicht
bestraft.

_____

5. **Warum hat Tante Polly am Ende des Kapitels
ein schlechtes Gewissen?
Sprecht in der Klasse darüber.**

Kapitel 4

1 *A*m Montagmorgen begegnete Tom auf dem Weg
2 zur Schule Huckleberry Finn [sprich: Hackelberri Finn].
3 Die meisten nannten ihn kurz Huck [sprich: Hack]. Er war
4 sehr unbeliebt, vor allem bei den Müttern in der Stadt.
5 Sie fanden, er sei frech, faul und ungepflegt.
6 Huck wuchs ohne Eltern auf. Er trug die alten,
7 abgelegten Kleider, die andere nicht mehr wollten.

8 Sie waren meist schon mehrmals geflickt worden und
9 hatten Löcher oder Risse. Aber die Jungen in der Stadt
10 bewunderten Huck. Die meisten wünschten sich sogar,
11 so zu sein wie er.
12 Tante Polly hatte Tom verboten, mit Huck zu spielen.
13 Aber davon ließ sich Tom nicht abhalten. Im Gegenteil,
14 er traf sich mit Huck, sooft er nur konnte.
15 Huck schlief bei schönem Wetter
16 auf irgendwelchen Treppenstufen und
17 bei schlechtem Wetter in einer leeren Tonne
18 auf irgendeinem Hof in der Stadt.
19 Huck musste auch nicht in die Schule gehen.
20 Er machte immer nur das, wozu er gerade Lust hatte.
21 Er ging schwimmen oder fischen, wann er wollte.
22 Niemand verbot ihm, mit andern Jungen zu spielen oder
23 Erdklumpen zu schmeißen. Und abends schickte ihn
24 niemand um neun Uhr ins Bett. Er brauchte sich nicht
25 zu waschen und nicht zu kämmen. Außerdem konnte
26 Huck ganz besonders schön fluchen. Alle Jungen
27 in St. Petersburg [sprich: Sankt Petersburg] beneideten ihn
28 um die vielen verbotenen Wörter, die er kannte.
29 „Hallo, Huck!", rief Tom.
30 „Tag, Tom. Ich hab gehofft, dich zu treffen.
31 Hast du heute Nacht schon was vor?"
32 „Was ist denn heute Nacht los?", fragte Tom neugierig.
33 „Ach, ich wollte mal wieder auf den Friedhof.
34 Da ist es so schön gruselig. Kommst du mit?
35 Oder hast du Angst?"
36 „Angst? Ich? Quatsch. Klar komme ich mit."
37 Tom wollte auf keinen Fall als Angsthase gelten.
38 „Dann bis später. Ich hol dich ab."

39 „Miaust du vor meinem Fenster?", fragte Tom.

40 „Ja, wie immer. Und miau du auch, wenn du

41 wegkannst. Beim letzten Mal habe ich verdammt

42 lange miaut und du bist nicht gekommen. Schließlich

43 hat euer Nachbar Steine nach mir geworfen.

44 Einen Stein hab ich dann zurückgeworfen. Der hat voll

45 die Fensterscheibe getroffen. – Aber nicht verraten,

46 dass ich das war."

47 „Tu ich nicht. Nun muss ich aber los. Bis später dann."

48 Tom rannte das letzte Stück zur Schule. Der Unterricht

49 hatte bestimmt schon begonnen.

Fortsetzung folgt

1. Diese Nomen sind falsch zusammengesetzt.
Sie kommen im Kapitel richtig vor.
Schreibe sie richtig zusammengesetzt auf.

Treppenklumpen   Fensterhase
Erdstufen   Angstscheibe

_____   _____

_____   _____

2. Ein Lesezeichen legt man zwischen Buchseiten.
So findet man schnell die Stelle, an der man
weiterlesen möchte.
Bastle dir ein Lesezeichen.

Du brauchst:

> weißes Papier ● einen Bleistift ● ein Lineal ●
> eine Schere ● Tonpapier ● Buntstifte ●
> Klebstoff

a) Lege das weiße Papier auf die Seite 23.
b) Zeichne eine der beiden Vorlagen
mit einem Bleistift nach.
Benutze beim Nachziehen gerader Linien
ein Lineal.
c) Klebe das weiße Papier auf das Tonpapier.
d) Schneide nun das Lesezeichen vorsichtig aus.
e) Male das Lesezeichen zum Schluss farbig aus.

3. Huckleberry Finn ist bei den Müttern in der Stadt
überhaupt nicht beliebt.
Wie ist er nach ihrer Ansicht?
Kreise die passenden Adjektive (Wiewörter) ein.

frech

ungepflegt

dreckig

lieb

sauber

faul

ungezogen

nett

freundlich

4. Die anderen Jungen beneiden Huck.
Worum würdest du Huck beneiden?
Ergänze den Satz.
Tipp: Lies noch einmal Seite 20.

Ich würde Huck beneiden, weil _____

_____

_____

_____

_____

Kapitel 5

1 *D*er Unterricht hatte längst begonnen. Schnell schritt
2 Tom durch die Tür und setzte sich auf seinen Platz.
3 Hoch oben hinter dem Katheder saß der Lehrer.
4 Sein Stuhl hatte eine hohe Lehne.
5 „Thomas Sawyer [sprich: ßojer]!", rief der Lehrer streng.
6 Immer wenn der Lehrer *Thomas* zu Tom sagte,
7 bedeutete das nichts Gutes. Thomas war Toms
8 richtiger Vorname. Doch alle nannten ihn kurz *Tom.*
9 „Komm nach vorn!", rief der Lehrer nun ungeduldig.
10 „Ja, Herr Lehrer." Tom ging nach vorn.

11 „Warum bist du schon wieder zu spät gekommen?"

12 Tom überlegte, was er dem Lehrer antworten sollte.

13 Da entdeckte er zwei lange blonde Zöpfe. Sie gehörten

14 zu dem Mädchen, das er im Garten des Richters

15 beobachtet hatte. Es war neu in der Klasse.

16 Neben dem Mädchen war der einzige freie Platz

17 auf der Mädchenseite.

18 „Ich habe mich noch mit Huckleberry Finn unterhalten."

19 Dem Lehrer stockte der Atem. Die Schüler trauten

20 ihren Ohren nicht. Tom musste den Verstand verloren

21 haben! Wie konnte er dem Lehrer sagen, dass er

22 wegen einer Unterhaltung mit Huck zu spät kam?

23 Das gab gewiss Ärger.

24 Der Lehrer schnaufte laut.

25 „Was – was hast du?"

26 „Ich habe mich noch mit Huckleberry Finn unterhalten",

27 erklärte Tom noch einmal.

28 „Thomas Sawyer, für diese Unverschämtheit bekommst

29 du Schläge mit der Rute!"

30 Der Lehrer bestrafte Tom. Dann schrie er: „So! Und nun

31 setz dich auf die Mädchenseite! Neben Becky Thatcher

32 ist noch ein Platz frei!"

33 Die Jungen in der Klasse kicherten. Aber Tom war

34 glücklich. Genau das hatte er gewollt. Sogar

35 die Schläge mit der Rute waren schon bald vergessen.

36 Er saß neben dem schönsten Mädchen, das er kannte.

Fortsetzung folgt

**1. So sah es in einer Schule um 1850 aus.
Sieh dir das Bild genau an.**

die Rute

der Katheder

**2. Trage jeweils das passende Nomen
in die Lücken ein.**

Jungen / Mädchen / Schulen / Katheder / Rute

In den _____ um 1850 gab es häufig

nur einen Klassenraum. Alle Kinder wurden

gemeinsam unterrichtet. Die _____ und

die _____ saßen aber voneinander

getrennt. Der Lehrer saß höher als die Schüler.

Er saß an einem _____. Früher bestraften

die Lehrer ihre Schüler mit einer _____.

3. Tom kommt zu spät zur Schule.

a) Warum kommt Tom zu spät?
Schreibe einen vollständigen Satz auf die Linien.

_____

_____

_____ .

b) Wie bestraft der Lehrer Tom
für das Zuspätkommen?
Schreibe einen vollständigen Satz auf die Linien.

_____

_____

_____ .

4. Was passiert, wenn du zu spät zur Schule kommst?
Sprecht in der Klasse darüber.

5. Kennst du eine gute Ausrede, wenn du zu spät
gekommen bist?
Schreibe den Satz zu Ende.

Entschuldigung, ich _____

_____

_____ .

Kapitel 6

1 Tom dachte am Abend noch immer an Becky. Erst als
2 es dunkel wurde, fiel ihm die Verabredung mit Huck
3 wieder ein. Heute Nacht wollten sie gemeinsam
4 auf den Friedhof.
5 Tom musste wie immer um neun Uhr ins Bett. Sid lag
6 im Bett neben ihm. Bald war er eingeschlafen.
7 Tom aber lag wach da. Er wartete darauf, dass
8 die Kirchturmuhr zwölf schlug.
9 Doch es dauerte noch über eine Stunde, bis Huck kam.
10 Tom wurde langsam müde. Schließlich konnte er
11 die Augen nicht mehr offen halten und schlief ein.

12 Tom hörte die Kirchturmuhr nicht. Auch das Miauen
13 von Huck hörte er nicht. Erst als der Nachbar laut schrie:
14 „Ruhe, du verfluchtes Katzenvieh!", wachte Tom auf.
15 Hastig zog er sich an. Er kletterte durchs Fenster und
16 kroch über das Vordach. Leise miaute er ein paarmal.
17 Dann sprang er auf das Dach des Holzschuppens und
18 anschließend auf den Boden.
19 Huck wartete vor dem Schuppen bereits auf ihn.
20 Sie sprangen über den Zaun und liefen durch
21 die dunklen Straßen.
22 Der Friedhof lag auf einem Hügel außerhalb der Stadt.
23 Er war von einem wackligen Bretterzaun umgeben.
24 Hinter dem Zaun wuchs hohes Gras. Überall hatte sich
25 Unkraut breit gemacht.
26 Auf den meisten Gräbern standen einfache Holzkreuze.
27 Sie schwankten im Wind hin und her. Auf manchen
28 waren noch die Namen der Verstorbenen zu lesen.
29 Es gab drei große Bäume auf dem Friedhof. Ihre Blätter
30 raschelten leise vom Wind.
31 „Ist das nicht gruselig hier?", fragte Huck leise.
32 Da packte Tom seinen Freund am Arm. „Pscht!"
33 „Was ist denn?", fragte Huck.
34 Die beiden rückten näher zusammen. Ihre Herzen
35 klopften laut.
36 „Da ist es schon wieder", flüsterte Tom. „Hörst du?"
37 Huck lauschte angestrengt.
38 „Da, noch einmal. Nun musst du's aber gehört haben!"
39 Tom bekam Angst. Er zog Huck hinter einen der Bäume.
40 Es waren Stimmen vom anderen Ende des Friedhofs her
41 zu hören.
42 „Guck, da", hauchte Tom. „Was ist das?"

43 Ein paar undeutliche Gestalten näherten sich
44 in der Dunkelheit. Sie hatten eine Laterne dabei. Sie
45 warf kleine Lichtflecken auf den Boden. Plötzlich
46 zuckte Huck zusammen.
47 „Was ist denn, Huck?", fragte Tom.
48 „Die eine Stimme kenne ich. Das ist die Stimme
49 vom alten Muff Potter [sprich: Maff Potter]", antwortete
50 Huck.
51 „Sie bleiben stehen. Oh, nein, nun kommen sie in
52 unsere Richtung. Auweia, Indianer-Joe ist auch
53 dabei." Tom sprach ganz leise.
54 „Was wollen die denn hier? Mitten in der Nacht? Und
55 was ..." Huck verstummte. Die Männer waren nun
56 ganz in ihrer Nähe.
57 „Hier ist es."
58 Die Jungen erkannten die Stimme des Doktors.
59 Er hieß Robinson.

Fortsetzung folgt

1. Tom schleicht sich heimlich aus dem Haus.
Welchen Weg nimmt er?
Unterstreiche die richtigen Sätze farbig.

Tom geht leise zur Tür. Er öffnet sie. Dann schleicht er
die Treppen hinunter. Schließlich verschwindet er
durch den Garten.

Tom klettert aus dem Fenster. Er kriecht über
das Vordach. Dann springt er auf das Dach
vom Schuppen und auf den Boden.

2. Tom und Huck gehen nachts auf den Friedhof.
Wie sieht es auf dem Friedhof aus?
Ergänze die fehlenden Adjektive.

Tipp: Lies noch einmal Seite 30.

Der Friedhof ist von einem _____

Bretterzaun umgeben. Hinter dem Zaun wächst

_____ Gras. Auf den meisten Gräbern

stehen _____ Holzkreuze.

Auf dem Friedhof gibt es drei _____ Bäume.

3. Auf einem Friedhof gibt es viele Gräber.

a) Lies den folgenden Sachtext.

> Auf Friedhöfen werden Menschen,
> die gestorben sind, feierlich in einem Grab
> beigesetzt. Das heißt, der Tote, auch Leichnam
> oder Leiche genannt, wird hier in einem Sarg
> in der Erde begraben.
> Diese Bestattungsform heißt Erdbestattung.
> Sie gibt es zum Beispiel in christlichen und
> jüdischen Gemeinden.
> Je nachdem, in welchem Land man lebt oder
> welcher Religion man angehört, gibt es noch
> andere Bestattungsformen.

**b) Kennst du andere Bestattungsformen?
Sprecht in der Klasse darüber.**

4. Wie heißen die drei Männer, deren Stimmen die Kinder auf dem Friedhof hören?
Kreuze an.

❑ Harry Potter   ❑ Muff Potter
❑ Doktor Freitag   ❑ Doktor Robinson
❑ Indianer-Jim   ❑ Indianer-Joe

Kapitel 7

1 Der Doktor war vor einem Grab stehen geblieben
2 und hielt die Laterne in die Höhe. Muff Potter und
3 Indianer-Joe trugen eine Bahre. Darauf lagen
4 zwei Schaufeln und ein Seil. Sie setzten die Bahre
5 neben dem Grab ab. Dann fingen sie an zu graben.
6 „Beeilt euch, Leute", sagte der Doktor
7 mit leiser Stimme.
8 Eine Zeit lang hörte man nichts als das dumpfe
9 Geräusch der Schaufeln. Später zogen die Männer

10 mit Hilfe des Seils einen Sarg aus der Erde herauf.

11 Tom und Huck beobachteten die drei Männer

12 von ihrem Versteck aus.

13 Was hatten sie bloß vor?

14 Indianer-Joe brach den Sargdeckel mit der Schaufel auf.

15 Gemeinsam mit Potter legte er den Leichnam

16 auf die Bahre und hüllte ihn in eine Decke.

17 Der Mond schien hell.

18 Potter rieb sich die Hände und sagte: „So, hier hast du

19 deine Leiche, Doktor! Nun musst du sie nur noch
20 nach Hause schaffen. Dann kannst du untersuchen,
21 woran der arme Kerl tatsächlich gestorben ist."
22 „Was redest du da? Ich hab euch dafür bezahlt, dass
23 ihr mir den Leichnam nach Hause tragt!
24 Also, los jetzt. Wir verlieren kostbare Zeit."
25 „Nee, nee, nee. Der Transport kostet 'nen Fünfer
26 extra." Potter verschränkte die Arme vor dem Bauch.
27 „Oder die Leiche bleibt hier."
28 „Das würde euch so gefallen. Aber nicht mit mir",
29 sagte der Doktor entschlossen.
30 „Hat sich kein bisschen verändert, der Doktor", zischte
31 Indianer-Joe plötzlich. „Denkt immer nur an sich und
32 nicht an die anderen, was? Wie vor fünf Jahren, als ich
33 an der Tür deines Vaters um Essen bat. Da hast du
34 mich bloß weggejagt. Damals hab ich dir Rache
35 geschworen. Doch dein Vater ließ mich einsperren.
36 Aber jetzt kommst du mir nicht davon." Indianer-Joe
37 fuchtelte dem Doktor drohend mit der Faust
38 vor der Nase herum.
39 Tom und Huck sahen nicht, wie es passiert war, doch
40 plötzlich fiel Indianer-Joe zu Boden. Der Doktor
41 musste ihn niedergeschlagen haben.
42 Nun zog Potter sein Messer. Doch dann überlegte er
43 es sich anders und ließ das Messer fallen. Schreiend
44 stürzte er sich auf den Doktor.
45 Während die beiden kämpften, stand Indianer-Joe
46 wieder auf. Seine Augen blitzten vor Wut. Er hob
47 Potters Messer vom Boden auf.
48 In diesem Augenblick schlug der Doktor Potter
49 mit einer Schaufel nieder. Indianer-Joe setzte

50 zum Sprung an. Kurz darauf lag der Doktor ebenfalls
51 am Boden. Er bewegte sich nicht mehr.
52 Tom und Huck waren zu Tode erschrocken. Entsetzt
53 starrten sie einander an. Keiner von beiden wagte
54 auch nur einen Ton von sich zu geben. Nur ihre Herzen
55 schlugen laut.
56 Sie sahen, wie Indianer-Joe das Messer in Potters
57 offene rechte Hand legte.
58 Drei Minuten vergingen, dann vier, dann fünf.
59 Da begann sich Potter zu bewegen. Er stöhnte.
60 In seiner Hand hielt er das Messer. Verwirrt richtete er
61 sich auf. Er blickte erst auf den toten Doktor, dann
62 auf das Messer in seiner Hand. Mit einem Aufschrei
63 ließ er das Messer fallen. „Joe, was ist passiert?"
64 „Mensch, Potter, warum hast du das bloß getan?"
65 Indianer-Joe schüttelte den Kopf.
66 „Aber Joe, ich hab doch noch nie … Ich kann mich
67 auch an gar nichts mehr erinnern!"
68 Potter drehte sich um und rannte davon.
69 Indianer-Joe sah ihm nach. Potters Messer lag
70 neben der Leiche des Doktors.

Fortsetzung folgt

1. Diese Dinge spielen in dem Kapitel eine Rolle.
Ergänze die fehlenden Buchstaben der Nomen und
ihrer Artikel (Begleiter).

| d | i | e | | B | a | h | | |

| d | | s | | | e | i | |

| d | | | | | | a | u | | e | l |

| | e | r | | | | r | g |

| | | | | | | m |

| | | | | | o | | |

| | | | | | | | s | s | |

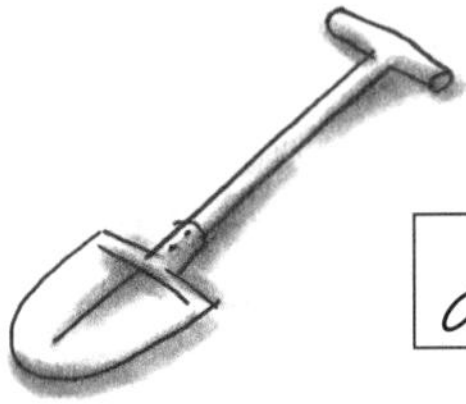

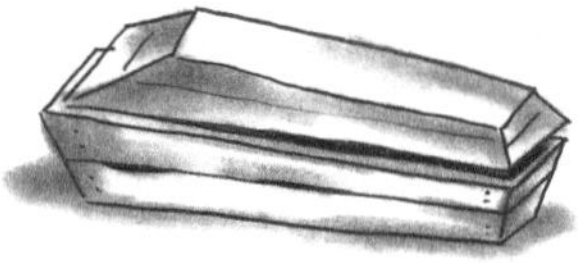

2. Was machen Doktor Robinson, Muff Potter und Indianer-Joe nachts auf dem Friedhof?

a) Lies den Text.

Doktor Robinson bleibt vor einem Grab stehen und hält eine Laterne in die Höhe.
Muff Potter und Indianer-Joe setzen eine Bahre neben dem Grab ab.
Dann graben sie mit Schaufeln in der Erde.
Dann stoßen sie auf einen Sarg.
Dann ziehen sie den Sarg mit Hilfe eines Seils aus der Erde herauf.
Dann brechen sie den Sargdeckel mit einer Schaufel auf.
Dann legen sie den Leichnam auf die Bahre.
Dann hüllen sie den Leichnam in eine Decke ein.

b) Dir ist sicher aufgefallen, dass fast alle Sätze des Textes mit „Dann" beginnen.
Unterstreiche diese Satzanfänge farbig.

c) Schreibe nun den Text in dein Heft.
Ersetze dabei „Dann" jeweils durch einen anderen passenden Satzanfang.

> Danach / Anschließend / Zum Schluss /
> Später / Plötzlich / Kurz darauf / Nun

3. **Warum streiten Muff Potter, Indianer-Joe
und Doktor Robinson?
Bilde drei Sätze, deren Aussagen stimmen.
Schreibe die Sätze in dein Heft.**

Muff Potter	will nicht mehr Geld bezahlen.
Indianer-Joe	will mehr Geld vom Doktor.
Doktor Robinson	will sich am Doktor rächen.

4. **Indianer-Joe hat Doktor Robinson erstochen.
Doch er will den Verdacht auf Muff Potter lenken.
Was macht Indianer-Joe deshalb nach der Tat
mit der Tatwaffe, dem Messer von Muff Potter?
Und was soll Muff Potter denken?
Schreibe in vollständigen Sätzen auf die Linien.**

Tipp: Lies noch einmal Seite 37.

_____

_____

_____

_____

_____

Kapitel 8

1 Sprachlos vor Entsetzen flohen die beiden Jungen
2 vom Friedhof. Atemlos kamen sie vor Tante Pollys Haus
3 an. Bevor die Jungen sich trennten, schworen sie
4 einen Eid: Keiner von beiden wollte je etwas über das
5 erzählen, was sie auf dem Friedhof beobachtet hatten.
6 Auch wenn sie außer Indianer-Joe die Einzigen waren,
7 die die Wahrheit kannten. Sie hatten viel zu viel Angst
8 vor Indianer-Joes Rache.

9 Am nächsten Tag, kurz vor Mittag, wussten alle
10 in der Stadt von dem grausamen Mord. Obwohl es noch
11 kein Telefon gab, verbreitete sich die Nachricht
12 blitzschnell.
13 Neben der Leiche hatte man die Tatwaffe gefunden:
14 ein Messer. Es war das Messer von Muff Potter. Alles
15 sprach gegen Potter.
16 Ein Mann berichtete dem Sheriff [sprich: Scheriff]: „Ich habe
17 Muff Potter gesehen. Da war es etwa zwei Uhr morgens.
18 Ich habe mich noch gewundert, weil sich Potter
19 im Bach gewaschen hat. Ist doch seltsam – mitten
20 in der Nacht. Und dann ist er eilig davongeschlichen."
21 Nur Potter konnte der Mörder sein. Da waren sich alle
22 einig. Aber wo war Potter jetzt?
23 Auf dem Friedhof standen die Bewohner dicht gedrängt.
24 Sogar der Lehrer hatte den Schülerinnen und Schülern
25 freigegeben. Während Tom in der Menge stand, kniff ihn
26 plötzlich jemand in den Arm. Es war Huck. Die beiden
27 sahen sich schweigend an.
28 Um sie herum redeten alle durcheinander. Die Männer
29 und Frauen waren entsetzt über die Tat.
30 „Armer Kerl!"
31 „So ein junger Mensch!"
32 „Wenn sie Muff Potter erwischen ..."
33 Toms Blick fiel auf Indianer-Joe und er begann
34 am ganzen Körper zu zittern.
35 Plötzlich reckten die Männer und Frauen ihre Hälse.
36 Einige riefen: „Da – da ist er, er kommt ja von selbst!"
37 „Wer? Wer denn?", fragten andere.
38 „Muff Potter! Da – jetzt halten sie ihn an! Er bleibt stehen!"
39 „Lasst ihn nicht entkommen!", schrie eine Frau.

8

40 Die Menge teilte sich. Der Sheriff führte Muff Potter

41 am Arm. Potter sah kalkweiß aus.

42 Als er vor dem Ermordeten stand, verbarg er

43 das Gesicht in seinen Händen. Er brach in Tränen aus.

44 „Ich hab's wirklich nicht getan", schluchzte er. „Ich hab's

45 nicht getan und ..."

46 „Ist das dein Messer, Potter?", unterbrach ihn

47 der Sheriff.

48 Muff Potter blickte auf sein Messer. „Es ist also wirklich

49 noch hier. Ich konnte es einfach nicht finden ... Jetzt

50 glaubt mir bestimmt keiner mehr." Muff Potters Stimme

51 wurde kraftloser. „Sag's ihnen, Joe, sag's ihnen – alles!

52 Es nutzt ja doch nichts mehr."

53 Und dann hörten Huck und Tom stumm mit an, wie

54 Indianer-Joe seine Lügengeschichte erzählte.

55 Nur die beiden Jungen wussten, dass Muff Potter

56 unschuldig ins Gefängnis kam. Doch sie verrieten nichts.

57 So hatten sie es einander geschworen.

Fortsetzung folgt

1. Wer einen Eid schwört, verspricht etwas feierlich. Schreibe zu Ende, was Tom und Huck einander versprechen.

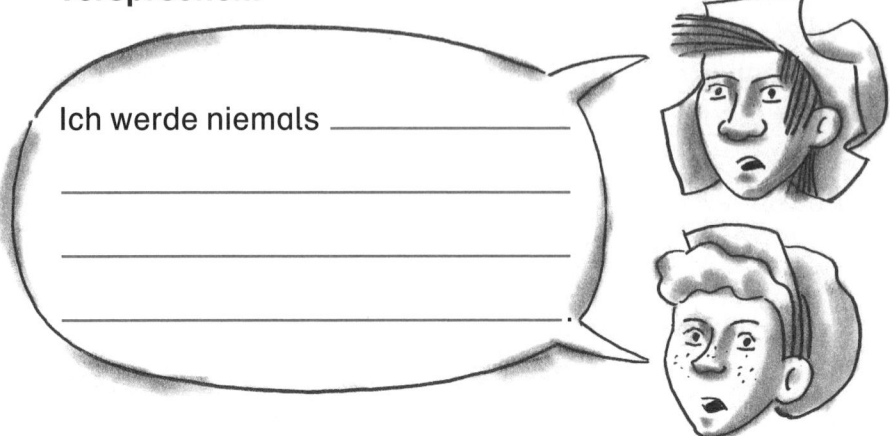

Ich werde niemals _____

_____

_____

_____

2. In der kleinen Stadt spricht sich der Mord an Doktor Robinson schnell herum. Welche Fragen haben die Menschen? Ergänze.

> ist ... passiert / hat ... ermordet / hat ... getötet / wurde ... umgebracht / ist ... geschehen

Wer ____ Doktor Robinson _____ ?

Wo ___ das Verbrechen _____ ?

Wann ___ der Mord _____ ?

Wie _____ Doktor Robinson _____ ?

Warum ____ jemand Doktor Robinson _____ ?

3. Stell dir vor, du hättest um 1850 gelebt.
   Damals gab es weder Telefone noch Handys.
   Was ist anders, wenn man nicht telefonieren
   kann?
   Sprecht in der Klasse darüber.

4. Indianer-Joe beschuldigt Muff Potter,
   den Doktor erstochen zu haben.
   Welche Lügengeschichte wird er dem Sheriff
   erzählt haben?
   Ergänze das passende Wort oder
   die passende Wortgruppe.

> Geld / auf dem Friedhof / erstochen /
> einen Sarg ausgegraben / mehr bezahlen

Gestern Nacht waren wir _____.

Muff Potter und ich haben für den Doktor _____

_____.

Muff Potter wollte plötzlich mehr _____ dafür.

Der Doktor wollte aber nicht _____.

Da hat Muff Potter den Doktor _____.

45

Kapitel 9

1 $\mathcal{D}$ie Ereignisse der Mordnacht verfolgten Tom bis
2 in den Schlaf. Er warf sich im Bett von einer Seite
3 auf die andere. Er war verzweifelt. Die Gedanken
4 an Potter, der unschuldig im Gefängnis saß, quälten ihn.
5 Überhaupt ging es Tom nicht gut. Tante Polly behandelte
6 ihn ungerecht und für Becky Thatcher war er Luft. Sie
7 beachtete ihn einfach nicht. Tom hatte das Gefühl,
8 dass ihn keiner wirklich mochte. Deshalb beschloss er
9 fortzugehen.

10 Er ergriff seine Mütze und schlich aus dem Haus.

11 Als er über eine Wiese lief, traf er Joe Harper [sprich: Dscho

12 Haper]. Tom wischte sich mit seinem Ärmel hastig

13 die Tränen aus dem Gesicht.

14 „Hallo, Joe."

15 „Hallo, Tom. Was machst du denn hier draußen?" Joe

16 schien ebenfalls traurig zu sein.

17 Tom begann stotternd zu erzählen. „Ich – äh – ich hau ab.

18 Ich werde immer nur bestraft. Das halt ich nicht mehr aus."

19 Joe unterbrach Tom. „Das geht mir genauso. Ich soll

20 die Sahne getrunken haben. Das gab mächtig Prügel.

21 Dabei hab ich sie nicht einmal probiert."

22 „Dann komm doch mit mir", schlug Tom vor. „Kennst du

23 die kleine, schmale Insel unterhalb von St. Petersburg?

24 Sie ist unbewohnt. Da will ich hin."

25 Joes Gesicht hellte sich auf. Er war von Toms Vorschlag

26 begeistert. Gemeinsam liefen sie weiter.

27 Am Ufer des Flusses trafen sie Huck. Als er hörte, was

28 die Jungen vorhatten, schloss er sich ihnen an. Ihm war

29 jedes Abenteuer willkommen.

30 Die drei machten einen Plan. Jeder von ihnen sollte

31 einen Angelhaken und Schnur besorgen. Außerdem

32 so viel zu essen, wie man heimlich mitnehmen konnte.

33 Sie verabredeten sich um Mitternacht am Mississippi.

34 So hieß der Fluss.

35 Tom erschien als Erster am Ufer. Er hatte außer

36 einem Angelhaken und Schnur zwei Brote mitgebracht.

37 Joe hatte ein riesiges Stück Speck unter dem Arm.

38 Huck trug einen großen Kessel. Es fehlte nur noch

39 das Feuer zum Kochen.

40 Ungefähr hundert Schritte flussaufwärts entdeckten sie
41 eine Feuerstelle auf einem großen Floß. Die Männer,
42 die auf dem Floß lebten, waren nirgendwo zu sehen. Tom
43 zog geschickt ein brennendes Stück Holz aus dem Feuer.
44 Er hielt es wie eine Fackel in die Höhe. Nun hatten sie
45 Licht und Feuer zum Kochen.
46 Bald darauf stießen sie mit einem kleinen Floß,
47 das am Ufer lag, ab. Tom hatte das Kommando. Huck
48 saß am hinteren Ruder, Joe am vorderen. Etwa um
49 zwei Uhr morgens erreichten sie die Insel.

Fortsetzung folgt

**1. Tom quälen die Gedanken an Muff Potter,
der unschuldig im Gefängnis sitzt.
Wie fühlt sich Tom?
Kreise die passenden Adjektive ein.**

schlecht   zufrieden

gut

angespannt

verzweifelt   entspannt

**2. Tom läuft von zu Hause fort.
Welche Gründe hat er?
Kreuze an.**

❑ Tante Polly schickt Tom fort.
❑ Tom fühlt sich ungerecht behandelt.
❑ Tom hat sich mit Huck gestritten.
❑ Tom wird sehr oft bestraft.
❑ Becky Thatcher beachtet Tom nicht.
❑ Becky Thatcher nervt Tom.
❑ Tom hat das Gefühl, dass ihn keiner wirklich mag.

**3. Ist Ausreißen eine gute Lösung?
Was hätte Tom stattdessen tun können?
Sprecht in der Klasse darüber.**

4. Tom, Joe und Huck fahren mit einem Floß auf die Insel hinüber.
Was haben sie nicht mitgenommen?
Streiche die falschen Bilder durch.

drei Handtücher
und
ein Stück Seife

drei Angelhaken

einen Besen

zwei Brote

eine Gitarre

drei Äpfel

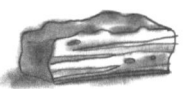

ein Stück Speck

einen Teddy

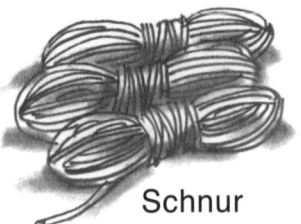

einen Kessel

Schnur

Kapitel 10

1 $\mathcal{D}$ie Jungen luden alle Sachen vom Floß. Später
2 spannten sie ein altes Stück Segel auf. Es hatte
3 auf dem Floß gelegen. Darunter verstauten sie
4 ihre Vorräte. Sie selbst wollten bei gutem Wetter
5 unter freiem Himmel schlafen.
6 Im Schutz einiger Bäume schichteten sie Holz für
7 ein Lagerfeuer auf. Gegen Morgen brieten sie
8 den Speck und aßen dazu Brot.

9 Die Jungen fanden es herrlich, auf einer unbewohnten

10 Insel zu sein. Sie wollten nie wieder in die Stadt

11 zurückkehren. Nach dem Essen überkam sie

12 eine angenehme Müdigkeit. Sie streckten sich

13 auf dem Gras unter den Bäumen aus.

14 „Ist das nicht prima hier?", fragte Joe.

15 „Herrlich", bestätigte Tom.

16 „Was würden die anderen Jungs wohl sagen, wenn sie

17 uns so sehen könnten?"

18 „Die würden alles darum geben, hier zu sein, was,

19 Huck?"

20 „Na, und ob", brummte Huck. „Hier kann man's

21 aushalten. Sonst krieg ich nicht so viel zu essen. Und

22 hier jagt mich auch keiner fort."

23 „Das wird ein Leben!", rief Tom. „Wir brauchen nicht

24 mehr in die Schule! Und wir müssen morgens nicht

25 mehr früh aufstehen!"

26 Nach einer Weile verstummten die drei.

27 Huck schlief bald darauf ein. Tom und Joe jedoch lagen

28 noch lange wach.

29 Ob man sie zu Hause wohl vermisste?

30 „Hoffentlich macht sich Tante Polly keine allzu großen

31 Sorgen", dachte Tom.

32 Als Tom gegen Mittag erwachte, sah er sich verwirrt um.

33 Dann fiel ihm alles wieder ein. Er weckte seine beiden

34 Freunde. Die drei badeten erst einmal ausgiebig

35 im Fluss. Sie machten ein Wettschwimmen und spritzten

36 sich nass. Sie dachten keine Sekunde an zu Hause.

37 Plötzlich sahen sie, dass das Floß nicht mehr am Ufer

38 lag. Es musste von der Strömung fortgetrieben worden

39 sein. Aber es tat ihnen nicht leid. Im Gegenteil:

40 Sie freuten sich sogar darüber.

41 Huck entdeckte ganz in der Nähe der Feuerstelle

42 eine Quelle mit frischem Wasser. Während Joe

43 Speckscheiben für das Mittagessen abschnitt, liefen

44 Huck und Tom noch einmal zum Fluss. Sie warfen

45 ihre selbst gebauten Angeln aus. Später brieten sie

46 den frisch gefangenen Fisch in Speck. Noch nie hatte

47 ihnen ein Fisch so gut geschmeckt.

48 Nach dem Essen erkundeten die drei die Insel. Sie war

49 etwa drei Meilen lang und eine Viertelmeile breit.

50 Am Abend saßen sie in der Dunkelheit beisammen

51 und starrten ins Feuer. Tom und Joe mussten an

52 zu Hause denken. Nun verspürten sie doch

53 ein wenig Heimweh.

Fortsetzung folgt

1. **Tom, Huck und Joe möchten ihren Freunden**
   mitteilen, wie das Leben auf der Insel ist.
   Sie schreiben einen Brief.
   Was schreiben sie den Freunden?
   Ergänze die passenden Verbformen.

> fangen / braten / baden / sind / gefällt /
> wollen / sitzen

Lieber Billy, lieber Ben, lieber Bobby,

wir _____ auf einer unbewohnten Insel.

Nach dem Aufstehen gehen wir _____.

Danach _____ wir Fische.

Die Fische _____ wir in Speck.

Abends _____ wir am Lagerfeuer.

Es _____ uns prima auf der Insel.

Wir _____ hier nie wieder weg!

Eure Freunde

Tom, Huck und Joe

2. Wie könnten die drei ihren Brief von der Insel aus an die Freunde senden?

a) Denke dir gemeinsam mit einer Partnerin oder einem Partner eine Geschichte dazu aus.

b) Malt nun gemeinsam ein Bild zu eurer Geschichte.

3. Die Insel ist drei Meilen lang und
   eine Viertelmeile breit.
   Rechne die Maße in Meter um.
   Trage das Ergebnis jeweils in das Kästchen ein.

Wenn eine Meile etwa 1600 Meter sind,
dann sind drei Meilen dreimal so viel:
Die Insel ist etwa ☐ Meter lang.

Wenn eine Meile etwa 1600 Meter sind,
dann ist eine Viertelmeile der vierte Teil davon:
Die Insel ist etwa ☐ Meter breit.

Tipp: Rechne 1600 : 4 .

4. Auf der Karte siehst du die Insel.
   Trage die Maße für die Länge und die Breite
   der Insel in Metern richtig in die Karte ein.

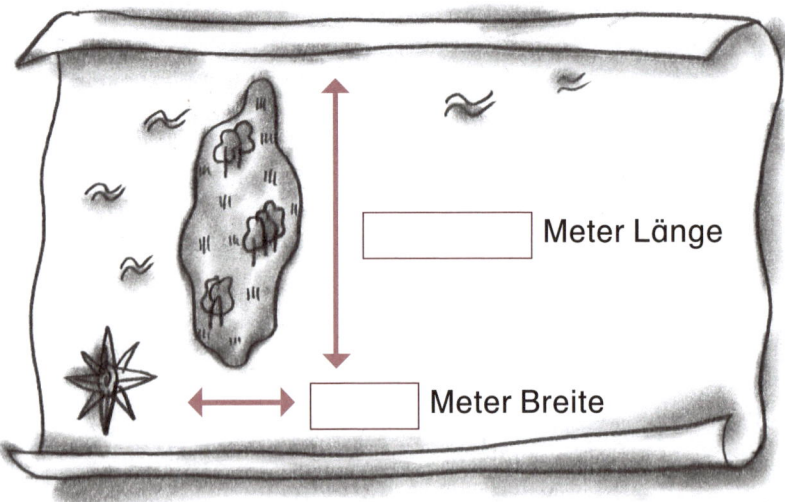

☐ Meter Länge

☐ Meter Breite

Kapitel 11

1 *H*uck und Joe waren nach einiger Zeit am Lagerfeuer
2 eingeschlafen. Tom dachte immer noch an zu Hause.
3 Er beschloss, kurz zu Hause vorbeizuschauen. Leise
4 stand er auf und schlich zwischen den Bäumen davon.
5 Ein paar Minuten später war er schon im Wasser.
6 Zuerst watete er durch das Wasser.
7 Das andere Flussufer war deutlich zu sehen.
8 Als das Wasser immer tiefer wurde, schwamm Tom
9 gut hundert Meter in Richtung Ufer. Die Strömung
10 war zwar nicht ganz ungefährlich, doch Tom war

11 ein guter Schwimmer. Schließlich stapfte er durch
12 das niedrige Wasser am Ufer vor der Stadt an Land.
13 Nach einem längeren Fußmarsch kam er zu Hause an.
14 Vorsichtig kletterte er über den Zaun.
15 In Tante Pollys Zimmer brannte noch Licht. Dort saß
16 die Tante mit Sid und Joe Harpers Mutter am Tisch.
17 Zwischen dem Tisch und der Tür stand Tante Pollys
18 Bett.
19 Tom schlich zur Tür und drückte vorsichtig die Klinke
20 hinunter. Die Tür öffnete sich mit leisem Knarren. Tom
21 kniete sich hin und streckte den Kopf durch die Tür.
22 Keiner schien etwas zu bemerken. Mutig kroch er
23 ins Zimmer.
24 Plötzlich fragte Tante Polly: „Warum flackert das Licht
25 auf einmal so?"
26 Niemand antwortete.
27 Dann stellte Tante Polly fest: „Ach, die Tür ist ja offen.
28 Bitte, Sid, schließe sie. Es zieht."
29 Tom verschwand gerade noch rechtzeitig
30 unter dem Bett.
31 „Tom war kein schlechter Junge." Tante Pollys
32 Stimme klang sehr traurig. „Er war nur zu übermütig
33 und zu leichtsinnig." Sie begann zu weinen.
34 „Wie mein Joe. Immer hatte er Unfug im Kopf.
35 Er war für jeden Spaß zu haben. Ich hab ihn aber
36 oft zu Unrecht bestraft. Zuletzt für die fehlende Sahne.
37 Dabei hatte ich sie selbst weggeschüttet."
38 Mrs [sprich: Misses] Harper schluchzte plötzlich laut auf.
39 „Und jetzt soll ich meinen Jungen nie wiedersehen?"
40 Tom war gerührt.
41 Er hörte den Frauen noch länger zu. Dabei erfuhr er,

42 dass sie dachten, die Kinder seien im Fluss ertrunken.

43 Am Sonntag sollte in der Kirche eine Trauerfeier

44 abgehalten werden. Alle am Tisch weinten bitterlich.

45 Und auch Tom kamen die Tränen. Doch er wischte

46 sie weg und dachte nach. Ihm kam eine Idee.

47 Tom wartete, bis Tante Polly zu Bett ging. Als sie

48 endlich eingeschlafen war, kroch er leise unter

49 ihrem Bett hervor. Er konnte es kaum erwarten, Huck

50 und Joe von seinem Plan zu erzählen.

Fortsetzung folgt

**1. Während Huck und Joe schlafen,
besucht Tom heimlich Tante Polly.
In welcher Reihenfolge geht Tom vor?
Nummeriere.**

☐ Er klettert über den Zaun am Haus.

☐ Er geht zum Inselufer.

☐ Tom steht leise auf.

☐ Dort geht er an Land.

☐ Dann schwimmt er durch den Fluss
zum anderen Ufer.

☐ Schließlich schleicht er ins Haus.

☐ Er läuft in die Stadt zu Tante Pollys Haus.

**2. Wie bewegt sich Tom durchs Wasser?
Schreibe die passenden Verbformen
auf die Linien.**

┌─────────────────────────────┐
waten / stapfen / schwimmen
└─────────────────────────────┘

Zuerst _____ Tom durch das Wasser.

Als das Wasser immer tiefer wird,

_____ Tom gut hundert Meter in Richtung Ufer.

Schließlich _____ er durch

das niedrige Wasser am Ufer vor der Stadt an Land.

3. Wie heißt der Fluss, der in der Geschichte vorkommt?
Trage die Buchstaben richtig in die Kästchen ein.

Tipp: Lies noch einmal Seite 47.

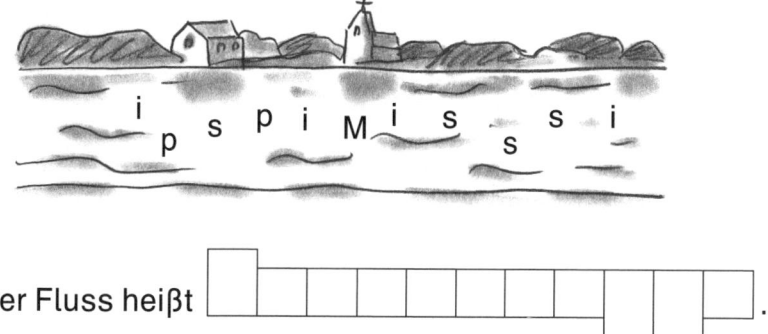

Der Fluss heißt ⬜⬜⬜⬜⬜⬜⬜⬜⬜⬜⬜ .

4. **Tom belauscht Tante Polly, Mrs Harper und Sid.
Alle drei weinen, weil sie glauben, Tom und Joe
seien im Fluss ertrunken.
Was hättest du an Toms Stelle getan?**

a) **Kreuze an.**

❏ Ich wäre schnell zur Insel zurückgeschwommen,
um die anderen zu holen.

❏ Ich hätte mich der Tante gezeigt,
damit sie nicht mehr weinen muss.

b) **Falls du etwas anderes getan hättest,
schreibe es auf die Linien.**

_____

_____

Kapitel 12

1 *A*m Sonntagmorgen war es in St. Petersburg noch
2 stiller als gewöhnlich. Die Menschen trauerten.
3 Während die Kirchenglocken läuteten, zog
4 die Gemeinde in die Kirche ein. So voll war die Kirche
5 lange nicht mehr gewesen. In der vordersten Reihe
6 saßen Tante Polly, Sid und die Familie Harper.
7 Der Pfarrer hielt eine lange Predigt. Er erzählte
8 aus dem Leben von Tom und Joe. Ihre Streiche waren
9 den meisten bekannt. Doch der Pfarrer sprach nicht
10 über die Kinderstreiche. Im Gegenteil, er lobte
11 die Jungen so sehr, dass ihm sogar die Tränen
12 in die Augen stiegen.

13 Da raschelte es plötzlich auf der Empore.

14 Einen Augenblick später knarrte eine Tür. Der Pfarrer

15 verstummte und stand wie versteinert da.

16 Nacheinander sahen sich auch die anderen um.

17 Schließlich starrte die ganze Gemeinde auf

18 die drei Jungen.

19 Tom ging voran, dann folgte Joe und zuletzt Huck.

20 Die Jungen hatten sich hoch oben auf der Empore

21 versteckt und die Lobesrede genossen. Tante Polly

22 und die Harpers liefen ihren Jungen entgegen. Sie

23 umarmten und küssten sie so sehr, dass ihnen fast

24 die Luft weggeblieben wäre. Nur Huck stand allein

25 im Gang. Er hatte niemanden. Heimlich versuchte er,

26 sich fortzustehlen.

27 Tom bemerkte das und hielt ihn rechtzeitig zurück. Er

28 sagte laut: „Tante Polly, das ist nicht gerecht! Es muss

29 sich auch jemand freuen, dass Huck wieder da ist!"

30 „Da hast du Recht, mein Junge, und ich freu mich

31 auch." Und dann rief sie: „Komm her, du armes,

32 verlassenes Kind!"

33 Tante Polly drückte Huck fest an sich. Huck erstarrte

34 vor Schreck. Solch eine stürmische Umarmung war er

35 nicht gewohnt.

36 Tom erhielt im Laufe des Tages noch viele Küsse

37 von seiner Tante. Doch sie ermahnte ihn auch: „Das

38 war wirklich nicht nett von dir. Hast du denn gar nicht

39 daran gedacht, wie traurig ich sein würde?"

40 Tom aber war stolz, dass sein Plan aufgegangen war:

41 Er hatte quicklebendig an seiner eigenen Trauerfeier

42 teilgenommen.

Fortsetzung folgt

**1. Im Kapitel kommen sechs schwierige Nomen vor.
Hier werden die Nomen erklärt.**

a) Lies zunächst die Nomen und die Erklärungen.

**b) Ordne die Nomen nach dem Alphabet.
Nummeriere sie in der richtigen Reihenfolge.**

**c) Schreibe nun die Nomen mit den Erklärungen
in alphabetischer Reihenfolge in dein Heft.**

☐ die Kirche: Die Kirche ist das Gotteshaus
in den christlichen Religionen.

☐ die Gemeinde: Die Gemeinde ist
die Gemeinschaft der Gläubigen.

☐ der Pfarrer: Der Pfarrer ist ein Geistlicher
einer christlichen Kirche.
Er steht der Gemeinde vor.

☐ die Predigt: Die Predigt ist die Rede
des Pfarrers im Gottesdienst.

☐ die Empore: Die Empore ist eine Art Balkon
im Innenraum einer Kirche.

☐ die Trauerfeier: Die Trauerfeier ist ein feierliches
Zusammenkommen der Trauernden
nach dem Tod eines Menschen.

2. Wie reagiert Tante Polly, als Tom wieder da ist?

a) Verfolge den braunen Faden,
   der bei „Tante Polly" anfängt.
   Lies dabei die einzelnen Satzteile.

b) Schreibe den vollständigen Satz in dein Heft.

c) Verfolge nun den schwarzen Faden,
   der bei „Tante Polly" anfängt.
   Lies dabei die einzelnen Satzteile.

d) Schreibe den vollständigen Satz in dein Heft.

Tante Polly

küsst

ermahnt

Tom

freudig,

Tom,

weil

weil

er

er

gesund und munter

ihr so großes Leid

ist.

bereitet hat.

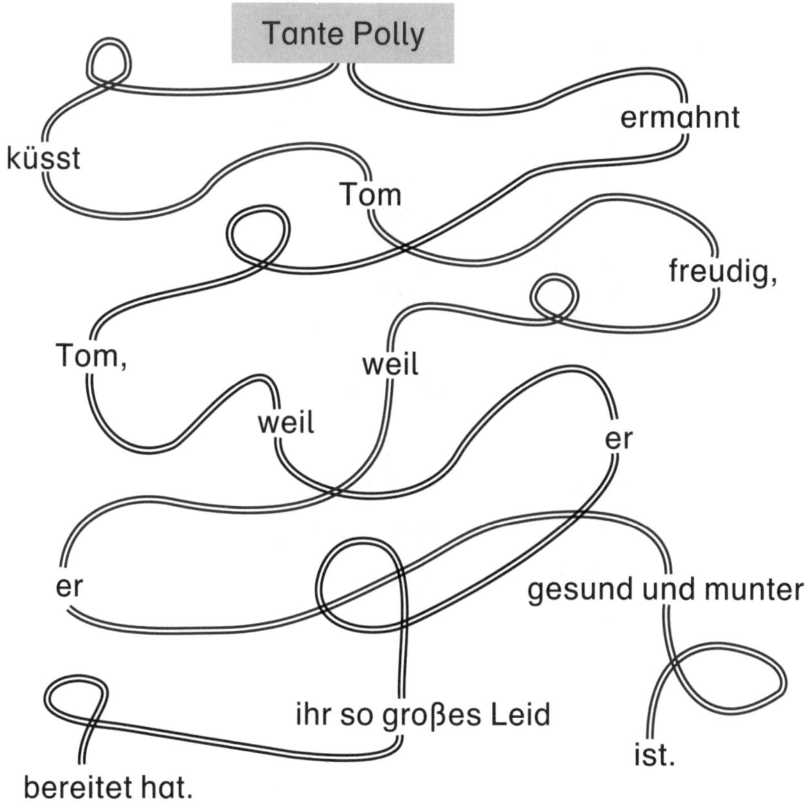

Kapitel 13

1 Tom war nun wieder zu Hause. Nach wenigen Tagen
2 quälte ihn abermals das schlechte Gewissen. Ständig
3 musste er an Muff Potter denken, der unschuldig
4 im Gefängnis saß.
5 Der Tag, an dem der Mord an dem jungen Doktor
6 vor Gericht verhandelt werden sollte, rückte immer
7 näher. Toms Verzweiflung wuchs. Er konnte an nichts
8 anderes mehr denken als an den armen Muff Potter.

9 Schließlich hielt Tom es nicht mehr aus. Er konnte nicht
10 länger schweigen.
11 Am Abend vor der Verhandlung ging er heimlich
12 zum Haus des Verteidigers.

13 Die ganze Stadt war am Morgen darauf auf den Beinen.
14 Alle wollten die Verhandlung verfolgen.
15 Dicht gedrängt saßen die Zuhörer im Gerichtssaal.

16 Der totenbleiche Muff Potter wurde in Ketten
17 hereingeführt. Dann erschien der Richter.
18 Indianer-Joe wurde als erster Zeuge aufgerufen.
19 Er sagte mit ernster Stimme: „Muff Potter hat
20 den Doktor erstochen. Das kann ich bezeugen."
21 Der zweite Zeuge berichtete: „Ich habe Potter etwa
22 um zwei Uhr morgens am Bach gesehen. Er hat sich
23 gewaschen und ist dann eilig davongeschlichen."
24 Der nächste Zeuge sagte aus: „Ich habe den toten Doktor
25 am Morgen gefunden. Das Messer lag neben
26 der Leiche."
27 Eine vierte Zeugin erklärte: „Ich kenne das Messer.
28 Es gehört Muff Potter. Da bin ich mir ganz sicher."
29 Muff Potter bedeckte das Gesicht mit seinen Händen.
30 Im Saal herrschte Schweigen.
31 Alle Beweise sprachen gegen ihn. Deshalb rechnete
32 jeder in St. Petersburg mit seiner Verurteilung.
33 Nach einer kurzen Pause wandte sich der Richter
34 an den Verteidiger. „Nun haben Sie das Wort,
35 Herr Verteidiger."
36 „Hohes Gericht, ich möchte einen weiteren Zeugen
37 befragen", sagte der Verteidiger.
38 Im Saal kam ein lautes Gemurmel auf.
39 „Man rufe Thomas Sawyer in den Zeugenstand."
40 Damit hatte niemand gerechnet.
41 Tom setzte sich auf den Zeugenstuhl. Er schien
42 große Angst zu haben.
43 „Thomas Sawyer, wo warst du in der Mordnacht?",
44 fragte der Verteidiger.
45 Tom sah kurz zu Indianer-Joe hinüber.
46 Die Zuhörer lauschten atemlos.

13

47 Leise sagte Tom: „Auf dem Friedhof."
48 Indianer-Joe verzog abfällig den Mund.
49 „Warst du in der Nähe des Tatorts?"
50 „Ja, Herr Verteidiger, direkt hinter einem der Bäume
51 beim Grab!"
52 Da fuhr Indianer-Joe fast unmerklich zusammen.
53 „Nun, mein Junge, erzähl uns einfach alles, was du
54 gesehen hast."
55 Tom begann stotternd zu berichten. Schließlich kam
56 der Höhepunkt. Tom erzählte nun flüssig: „... und
57 der Doktor schlug Muff Potter mit einer Schaufel
58 nieder. Kurz darauf sprang Indianer-Joe mit
59 Potters Messer auf den Doktor zu. Da fiel der Doktor
60 zu Boden."
61 Als Tom seinen Bericht beendet hatte, ging ein Raunen
62 durch den Saal.
63 Plötzlich gab es ein Getöse! Ein Stuhl fiel um.
64 Wie der Blitz war Indianer-Joe aufgesprungen und
65 aus dem Saal gestürzt.

Fortsetzung folgt

1. a) Das passiert in einer Gerichtsverhandlung.
Lies den folgenden Sachtext.

In einer Gerichtsverhandlung wird beurteilt,
ob ein Angeklagter unschuldig oder schuldig ist.
Der Richter führt die Verhandlung. Dabei werden
der Angeklagte und die Zeugen verhört.
Der Angeklagte hat auch einen Verteidiger.

b) Wer führt die Verhandlung?
Vervollständige den Satz.

Die Verhandlung führt _____ _____.

2. Muff Potter steht als Angeklagter vor Gericht.
Was denkst du, wie er sich fühlt?
Kreise die passenden Adjektive ein.

fröhlich   aufgeregt   ängstlich

zufrieden   entspannt   hilflos

hoffnungsvoll   ruhig

angespannt   hoffnungslos

3. Muff Potter wird angeklagt,
   den Doktor erstochen zu haben.
   Was sagen die vier Zeugen aus?
   Vervollständige auf dieser Seite und auf Seite 72
   die Aussagen.

Tipp: Lies noch einmal Seite 68.

Indianer-Joe, der erste Zeuge, sagt mit ernster Stimme:

Muff Potter _____

_____ .

Das kann ich bezeugen.

Der zweite Zeuge berichtet:

Ich habe Potter etwa um _____

_____ am Bach gesehen.

Er hat sich gewaschen und ist dann

_____ .

Der dritte Zeuge sagt aus:

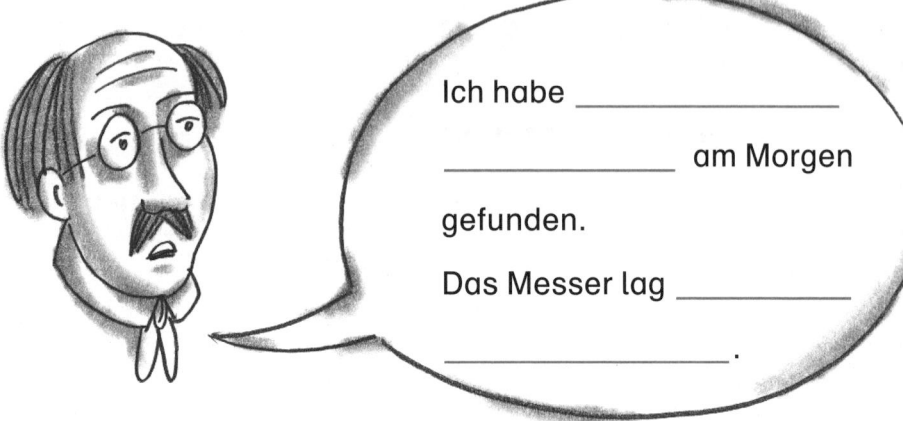

Ich habe _____

_____ am Morgen

gefunden.

Das Messer lag _____

_____ .

Die vierte Zeugin erklärt:

Ich kenne _____ .

Es gehört _____ .

Da bin ich mir ganz sicher.

4. Der Verteidiger ruft Tom in den Zeugenstand.
   Was sagt Tom vor Gericht aus?
   Schreibe auf die Linien.

   Tipp: Lies noch einmal Seite 69.

_____

_____

_____

_____

_____

_____

_____

_____

_____ .

5. Mit Tom sagen fünf Zeugen vor Gericht aus.

a) Lest die Zeugenaussagen mit verteilten Rollen
   in der Klasse vor.

   Tipp: Lest nur die wörtliche Rede
   in den Sprechblasen.

b) Spielt nun die Szene vor Gericht in der Klasse nach.

6. Wie findest du es, dass Tom vor Gericht aussagt?
Beantworte die Frage mit einem vollständigen Satz.

Tipp: Die Adjektive im Kasten helfen dir.

> mutig / gut / gefährlich / wichtig / falsch

_____

_____

_____

7. Die Zeitungen in der Stadt berichten
über die Gerichtsverhandlung.

a) Welche Schlagzeile würdest du auf die Titelseite
setzen?
Kreuze an.

- ❏ Unser Held: Tom Sawyer
- ❏ Mörder auf der Flucht
- ❏ Muff Potter unschuldig
- ❏ Tom Sawyer beschuldigt Indianer-Joe
- ❏ Zwölfjähriger wichtigster Zeuge
- ❏ In letzter Minute für den Angeklagten

b) Du kannst dir auch selbst eine Schlagzeile
ausdenken.
Schreibe sie auf die Linie.

_____

Kapitel 14

1 *I*ndianer-Joe blieb verschwunden.
2 Tom war noch wochenlang das einzige Gesprächsthema
3 in der Stadt. Sogar die Zeitungen berichteten über ihn.
4 Tom freute sich darüber sehr. Aber er hatte auch Angst.
5 Indianer-Joe würde sich bestimmt an ihm rächen wollen,
6 weil er ihn verraten hatte.
7 Becky Thatcher war der einzige Mensch, der Tom
8 auf andere Gedanken bringen konnte.

9 Es waren Ferien. Becky lud alle ihre Freundinnen und
10 Freunde zu einem großen Picknick ein. Der Richter und
11 seine Frau hatten ihrer Tochter sogar erlaubt, mit
12 der Fähre auf dem Mississippi zu fahren. Endlich war es
13 so weit. Zwischen zehn und elf Uhr am Vormittag trafen
14 sich die Gäste am Hafen. Tom kam ohne Sid. Sid war
15 am Tag zuvor krank geworden.

16 Mrs Thatcher stand bei den Kindern. Sie sagte: „Ich habe
17 euch Brote, Speck, Kuchen und Äpfel eingepackt.
18 Hoffentlich reicht es für alle."
19 Da ertönte die Schiffsglocke.
20 „Und mach mir keinen Unfug, Becky!"
21 „Mach ich schon nicht", antwortete Becky. „Darf ich heute
22 Abend bei Susy Harper schlafen, Mama?" Becky drückte
23 sich zum Abschied noch einmal an die Mutter.
24 Mrs Thatcher zögerte. Schließlich willigte sie ein.

25 Die Fähre legte ab. Drei Meilen von der Stadt entfernt
26 befand sich in einer Bucht eine schöne, große Wiese.
27 Die Jungen und Mädchen sahen sich in der Gegend um.
28 Sie spielten zwischen den Bäumen und den Felsen
29 Verstecken. Schließlich kamen sie nacheinander zum Ufer
30 zurückgelaufen. Dort packten sie die Picknickkörbe aus
31 und machten sich über die Getränke und die Speisen her.
32 Satt und zufrieden lagen die Kinder danach im Schatten
33 einer großen Eiche. Plötzlich fragte ein Junge: „Kennt ihr
34 die Höhle oben auf dem Hügel?"
35 Einige Kinder kannten die Höhle bereits.
36 „Wer kommt mit?" Der Junge sprang auf.
37 Natürlich wollten alle mit in die Höhle gehen.
38 In einem Picknickkorb lagen Kerzen für die Rückfahrt
39 am Abend. Die nahmen die Kinder mit.
40 Fröhlich liefen die Kinder durch den Eingang in die Höhle.
41 Hier gab es viele Gänge zu erkunden. Die Kinder riefen
42 und lachten laut.
43 Mitten im größten Spaß ertönte die Schiffsglocke.
44 Es war Zeit für die Rückfahrt.

Fortsetzung folgt

1. Die Fähren auf dem Mississippi waren früher
   Dampfschiffe, so genannte Raddampfer.
   Sie beförderten die Menschen von einem Ufer
   zum anderen.

a) Sieh dir das Dampfschiff auf dem Bild unten an.

b) Informiere dich in einem Lexikon über
   Dampfschiffe.

c) Welche Schiffsteile werden durch
   die Dampfmaschine angetrieben?
   Kreuze an.

   ❏ die Schaufelräder auf dem Schiff
   ❏ die Schaufelräder unter dem Schiff
   ❏ die Schaufelräder an der Seite des Schiffes

die Schaufelräder

2. Beckys Familie heißt Thatcher.
   Was ist Herr Thatcher, Beckys Vater, von Beruf?
   Beantworte die Frage
   mit einem vollständigen Satz in deinem Heft.

3. Becky lädt ihre Freundinnen und Freunde zu einem Ausflug ein.
Was unternehmen die Kinder alles?
Male jeweils einen farbigen Rahmen um die richtigen Sätze.

Sie gehen schwimmen.

Sie fahren mit einer Fähre.

Sie fahren mit einem Ruderboot.

Sie spielen Karten.

Sie spielen Verstecken.

Sie machen ein Picknick.

Sie grillen.

Sie erkunden eine Höhle.

4. Was würdest du dir bei einem Picknick zu essen und zu trinken wünschen?
Schreibe in dein Heft.

Kapitel 15

1 *D*ie Fähre legte ab. Die Kinder liefen aufgeregt
2 auf dem Dampfschiff hin und her. Es war
3 ein großes Durcheinander. Niemand bemerkte, dass
4 Tom und Becky nicht an Bord waren.
5 Zur selben Zeit hielt Tom in der Höhle eine Kerze
6 in die Höhe. Becky und er waren so beschäftigt, dass
7 sie die Schiffsglocke nicht gehört hatten.
8 An eine Felswand waren mit Kerzenrauch Namen
9 geschrieben. Becky las sie laut vor. Danach schrieben
10 sie ihre eigenen Namen dazu. Schließlich gingen sie
11 weiter.

15

12 Plötzlich war der Weg versperrt. Doch Tom entdeckte

13 einen Spalt in der Felswand. Er zwängte sich durch ihn

14 hindurch. Dahinter lag eine steile Treppe, die zwischen

15 engen Felswänden in die Tiefe führte.

16 „Los, Becky, komm!", rief er.

17 Becky folgte ihm.

18 Mit Kerzenrauch malte Tom ein Zeichen

19 an die Felswand, damit sie später den Rückweg fanden.

20 Die beiden Kinder liefen durch viele verschiedene

21 Haupt- und Seitengänge der Höhle. Nach einiger Zeit

22 erreichten sie eine kleine Wasserquelle. Unter der Decke

23 über ihnen hingen Fledermäuse. Der Schein der Kerzen

24 scheuchte sie auf. Die Fledermäuse umschwirrten

25 die Kinder. Sie machten mit ihren Flügeln so viel Wind,

26 dass Beckys Kerze davon erlosch.

27 Tom zog Becky schnell in einen Seitengang hinein.

28 Hastig liefen sie weiter, ohne auf den Weg zu achten.

29 Außer Atmen erreichten sie einen unterirdischen See.

30 Die Fledermäuse waren verschwunden. Die Kinder

31 setzten sich auf einen Felsen und ruhten sich

32 ein wenig aus.

33 „Wo die anderen jetzt wohl sind? Man hört sie gar nicht

34 mehr", sagte Becky.

35 „Ach, Becky, wir müssen ganz tief unter ihnen sein.

36 Es ist unmöglich, hier etwas von ihnen zu hören."

37 Becky bekam Angst. „Lass uns lieber umkehren, Tom.

38 Wir sind bestimmt schon viel zu lange hier."

39 „Du hast Recht. Aber wir müssen einen anderen Weg

40 suchen. Sonst löschen uns die Fledermäuse noch

41 die letzte Kerze aus."

42 Schweigend gingen die Kinder durch die Höhlengänge.

43 Sie suchten an den Wänden nach ihren Zeichen. Aber

44 sie fanden sie nicht.

45 Tom versuchte Becky Mut zu machen. Doch es fiel ihm

46 immer schwerer. Becky blieb ganz nah bei ihm.

47 „Oh, Tom, vergiss die Fledermäuse! Lass uns

48 zu der Wasserquelle zurückgehen. Dann finden wir auch

49 den Weg nach draußen."

50 Die beiden kehrten um.

51 Doch plötzlich gabelte sich der Weg in mehrere

52 Richtungen. Tom und Becky blieben ratlos stehen.

53 „Ach, Tom, wir kommen nie mehr aus dieser

54 fürchterlichen Höhle heraus, nie – nie mehr!", rief Becky.

55 „Warum sind wir nicht bei den anderen geblieben?"

56 Tränen rannen ihr über die Wangen.

57 Tom nahm Becky in den Arm. „Hör zu, Becky, ich bring

58 uns schon wieder hier raus", sagte er.

59 Doch noch wusste er nicht, wie.

Fortsetzung folgt

1. Tom und Becky erkunden die Höhle.

a) Lies den Text.

Tom und Becky gehen mit brennenden

durch die Höhle. Sie kommen zu einer steilen  .

Plötzlich sehen sie 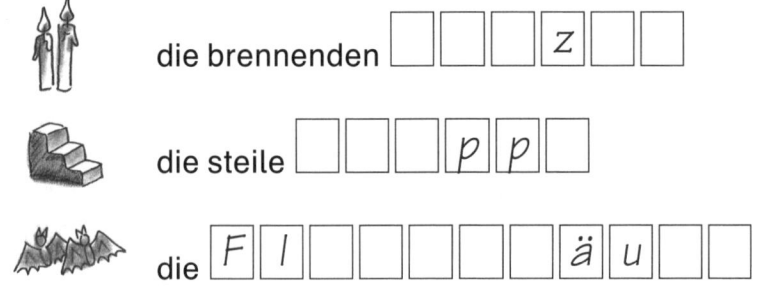 .

Tom und Becky laufen schnell weg .

b) Trage die fehlenden Buchstaben in die Kästchen ein.

die brennenden ☐☐☐Z☐☐

die steile ☐☐☐ρρ☐

die Fl☐☐☐☐☐äu☐☐

2. Tom und Becky schreiben ihre Namen mit Kerzenrauch an eine Felswand.
Schreibe „Tom" und „Becky" in schöner Schrift mit einem schwarzen Stift in den Rahmen.

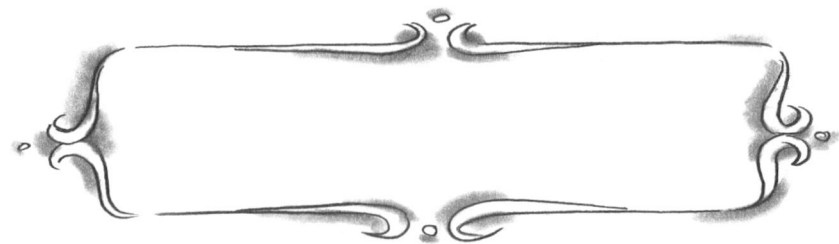

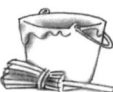

3. Wo schlafen Fledermäuse?
Lies den folgenden Sachtext.

Fledermäuse sind Säugetiere.
Sie schlafen tagsüber und während
des Winters in Baum- oder Felshöhlen,
Mauerspalten oder Kellerräumen.
Sie hängen dann mit dem Kopf nach unten,
zum Beispiel unter der Decke.
Wenn Fledermäuse fliegen, flattern sie
ähnlich wie Schmetterlinge mit ihren Flügeln.

4. Fledermäuse breiten ihre Flügel im Flug weit aus.
Verbinde die Buchstaben des Alphabets
in der richtigen Reihenfolge.
Beginne bei „A".

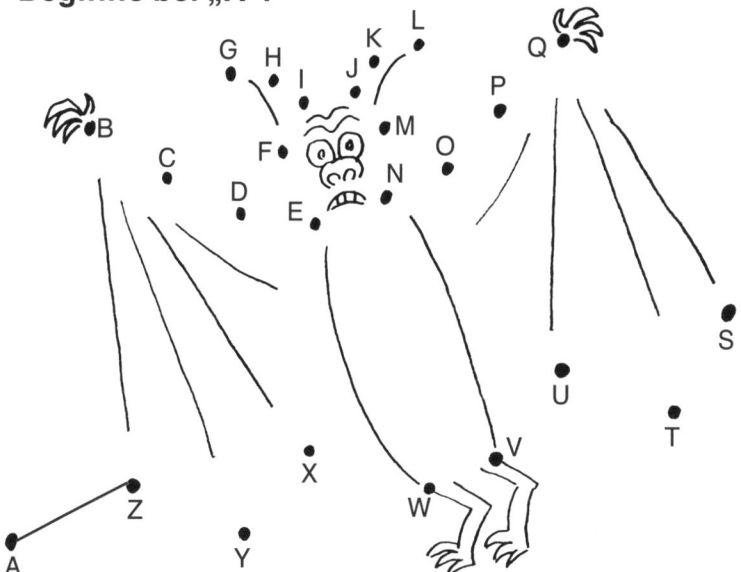

5. In der Höhle ist einiges los.
Schreibe die richtigen Präpositionen
(Verhältniswörter) in die Lücken.

Viele Fledermäuse hängen _____ der Decke.
auf / in / unter

Die Fledermäuse schlagen _____ den Flügeln.
auf / mit / hinter

Von dem Wind geht eine Kerze aus. Schnell zieht Tom

Becky _____ einen anderen Gang. Von dort aus
im / unter / in

laufen sie schnell _____ viele Höhlengänge.
vor / über / durch

Endlich sind die Fledermäuse verschwunden!

6. Tom und Becky sind tief unten in der Höhle.
Sie finden den Rückweg nicht.
Was könnten sie tun?
Schreibe deinen Vorschlag in vollständigen Sätzen
auf die Linien.

_____

_____

_____

Kapitel 16

1 *H*and in Hand liefen Tom und Becky kreuz und quer
2 durch die dunkle Höhle. Doch sie erkannten keinen
3 der Gänge wieder. Sie wussten nicht einmal, wie lange
4 sie schon in der Höhle waren.
5 Irgendwann stießen sie erneut auf eine Wasserquelle.
6 Da fiel Tom ein, dass er noch etwas Brot vom Picknick
7 dabeihatte. Er zog es aus der Hosentasche hervor und
8 teilte es in zwei Stücke. Eins davon gab er Becky. Dazu
9 tranken sie das kalte Quellwasser.

10 Becky wollte weitergehen. Doch Tom hielt sie zurück.

11 „Wir müssen hierbleiben, wo wir Wasser haben." Er

12 zeigte auf seine runtergebrannte Kerze. „Ohne Licht

13 kommen wir nicht weiter."

14 Becky stiegen wieder die Tränen in die Augen. „Aber

15 sie werden uns doch bestimmt vermissen. Und dann

16 suchen sie nach uns!"

17 „Natürlich tun sie das – ganz sicher", sagte Tom.

18 „Ob sie uns schon suchen?", fragte Becky.

19 „Spätestens wenn sie bemerkt haben, dass wir nicht

20 auf dem Schiff sind." Tom machte eine Pause. „Aber

21 vielleicht haben sie es auch noch gar nicht bemerkt.

22 Vielleicht war es schon dunkel." Tom sah Becky

23 hoffnungsvoll an. „Nun, spätestens am Hafen wird

24 deine Mutter dich vermissen."

25 Becky senkte den Kopf. „Nein, Tom", sagte sie,

26 „meine Mutter denkt, ich schlafe bei Susy Harper.

27 Und Susy wird denken, ich bin doch nach Hause

28 gegangen.

29 Oje, Tom, vielleicht vermissen sie uns gar nicht!"

30 „Dann werden sie uns eben erst morgen vermissen.

31 Irgendwann müssen sie ja feststellen, dass wir nicht

32 zurückgekommen sind. Selbst Tante Polly wird

33 unruhig werden, wenn ich morgen noch immer nicht

34 nach Hause komme. Auch wenn sie einiges von mir

35 gewöhnt ist."

36 Die beiden beobachteten das letzte Stückchen Kerze.

37 Es wurde kleiner und kleiner. Schließlich flackerte

38 die Flamme noch einmal kurz auf – und danach wurde

39 es pechschwarz um sie herum.

40 Die Zeit verging.

41 Die Kinder wussten keinen Rat. Immer wieder fielen sie
42 in einen unruhigen Schlaf.
43 Irgendwann weckte Tom das Knurren seines Magens.
44 Es war stockfinster um ihn herum. Becky atmete ruhig.
45 Sie schlief fest.
46 Tom dachte angestrengt nach. Dann wühlte er
47 in seinen Hosentaschen. Er fand ein Stück Schnur.
48 Da kam ihm ein Gedanke. Wenn er die Schnur
49 an einem Felsen festband, konnte er
50 die umliegenden Seitengänge erkunden. Und mit Hilfe
51 der Schnur fand er immer wieder zurück.
52 Tom ließ Becky schlafen und ging los. Er rollte
53 bei jedem Schritt ein Stück von der Schnur ab. Zwei
54 der Seitengänge hatte er schon ausgekundschaftet.
55 Im dritten machte er kurz Halt.
56 Plötzlich flackerte ein Licht auf. Tom wollte schon rufen:
57 „Hallo, hier bin ich!" Doch als er sah, wer durch die
58 Höhle schlich, war er vor Schreck wie gelähmt:
59 Indianer-Joe ging in einiger Entfernung mit einer Kerze
60 in der Hand an Tom vorbei! Dann wurde es wieder
61 dunkel und Indianer-Joe war verschwunden. Er hatte
62 Tom in der Dunkelheit nicht gesehen.
63 Tom brauchte einige Minuten, bevor er sich von
64 dem Schreck erholt hatte.
65 Hier hielt sich Indianer-Joe also versteckt!
66 Leise ging Tom die Schnur entlang zu Becky zurück.
67 Kurz bevor er sie erreicht hatte, fühlte er einen Spalt
68 in der Felswand. Er zwängte sich hindurch.
69 In der Dunkelheit blitzte etwas hell auf.
70 Das musste Tageslicht sein!

Fortsetzung folgt

1. Toms Kerze ist erloschen.
Wie ist es ohne Licht in der Höhle?
Kreise die passenden Adjektive ein.

schneeweiß   **stockfinster**

superhell   *zitronengelb*

feuerrot   **giftgrün**   **pechschwarz**

2. Tom erkundet mit Hilfe einer Schnur
die dunklen Höhlengänge.
Plötzlich flackert das Licht einer Kerze auf.
Was passiert?

a) Lies den Antwortsatz in der Schnur.

b) Schreibe nun den Antwortsatz richtig auf die Linien.
Tipp: Achte auf Groß- und Kleinschreibung.

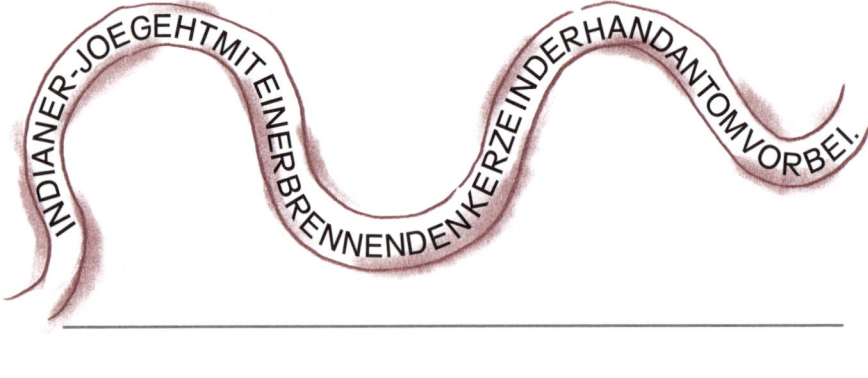

INDIANER-JOE GEHT MIT EINER BRENNENDEN KERZE IN DER HAND AN TOM VORBEI.

_____

_____

_____

3. **Hier siehst du die vielen Gänge,**
   die durch die Höhle führen.
   Durch den Eingang oben links sind
   die Kinder in die Höhle gelaufen.
   Durch den Ausgang unten rechts gelangen sie
   wieder nach draußen.
   Zeichne den kürzesten Weg vom Eingang
   bis zum Ausgang farbig in das Bild ein.

Kapitel 17

1 *D*ie Kinder wurden tatsächlich erst am Morgen nach
2 dem Ausflug vermisst. Aber dann war die Sorge groß.
3 Die Männer aus der Stadt suchten zwei Tage und Nächte
4 am Flussufer und in der Höhle nach den Kindern.
5 Die Frauen aus dem Dorf besuchten Mrs Thatcher und
6 Tante Polly, um sie zu trösten.
7 Am Morgen des dritten Tages kehrten die Männer
8 erschöpft in die Stadt zurück. Sie erzählten, dass sie
9 alle begehbaren Gänge der Höhle abgesucht hätten.

¹⁰ An einer weit vom Eingang entfernten Stelle hatten sie

¹¹ eine Spur der beiden Kinder entdeckt: „Tom" und „Becky"

¹² stand mit Kerzenrauch an die Felswand geschrieben.

¹³ Als die Frauen das hörten, schöpften sie zunächst

¹⁴ neue Hoffnung. Doch die Männer hatten keine weiteren

¹⁵ Spuren der Kinder gefunden. Die Verzweiflung wuchs.

¹⁶ Die Männer wollten sich nun stärken und neue Kerzen

¹⁷ holen. Dann würden sie erneut nach den Kindern suchen.

¹⁸ Plötzlich läuteten die Kirchenglocken.

17

19 Was hatte das zu bedeuten? Um diese Uhrzeit?

20 Laute Rufe waren zu hören.

21 „Tom und Becky sind wieder da! Sie kommen

22 in einer Kutsche das Flussufer hinauf!"

23 Tante Polly, Sid, die Familie des Richters und

24 viele andere Menschen aus der Stadt liefen

25 zum Ufer hinunter.

26 Tom und Becky saßen hinten im offenen Wagen.

27 Im Nu waren sie dicht umringt und wurden freudig

28 begrüßt.

29 Etwas später lag Tom gemütlich auf dem Sofa.

30 Er berichtete von dem Abenteuer in der Höhle:

31 von der steilen Treppe, dem unterirdischen See,

32 den abbrennenden Kerzen, dem Hunger, den Becky

33 und er gehabt hatten, und von der Dunkelheit. Dann

34 erzählte er von der Schnur, dem hellen Lichtstrahl,

35 der den Weg nach draußen wies, und dem Mississippi,

36 den sie als Erstes erblickt hatten, als sie die Köpfe

37 aus der Höhle streckten. Und schließlich erwähnte er

38 noch die Männer in dem Boot, die sie ein Stück

39 mitgenommen hatten, und den Kutscher, der sie

40 in die Stadt gebracht hatte.

41 Nur von Indianer-Joe erzählte Tom nicht.

42 Einige Wochen nach seiner Rettung traf Tom

43 Richter Thatcher auf der Straße. Er winkte Tom zu sich.

44 „Na, Tom? Hast du immer noch Lust auf Abenteuer?",

45 fragte er scherzhaft.

46 „Na klar, Mr [sprich: Mister] Thatcher. Immer."

47 Der Richter sah Tom zunächst verwundert an. Dann

48 schmunzelte er. „Aber in die Höhle wagst du dich
49 bestimmt nicht mehr."
50 „Warum nicht? Ich hätte nichts dagegen."
51 „Na, dann ist es ja gut, dass wir den Eingang zur Höhle
52 verschlossen haben. Da kommt keiner mehr rein und
53 verläuft sich!"
54 Tom wurde weiß im Gesicht.
55 „Was ist los mit dir, Tom?", fragte der Richter.
56 Tom war plötzlich Indianer-Joe eingefallen. Er erklärte
57 Richter Thatcher:
58 „Ach, Herr Richter, in der Höhle hält sich doch
59 Indianer-Joe versteckt! Wenn nun keiner mehr
60 in die Höhle reinkommt, kommt auch niemand mehr
61 aus der Höhle heraus. Dann ist er dort eingeschlossen."

62 Noch am gleichen Tag wurde Indianer-Joe in der Höhle
63 gefunden. Doch er lebte nicht mehr. Tom hatte Mitleid
64 mit Indianer-Joe. Denn er wusste, wie es ist, ohne
65 Essen und Trinken in der dunklen Höhle eingesperrt
66 zu sein. Tom war aber auch erleichtert. Denn nun
67 brauchte er keine Angst mehr vor Indianer-Joes Rache
68 zu haben.

ENDE

1. Becky und Tom werden stürmisch begrüßt.
   Auch Tante Polly ist diesmal einfach nur froh,
   dass ihr Neffe wieder da ist.
   Mit welchen Worten könnte Tante Polly Tom
   begrüßen?
   Schreibe auf die Linie.

   _____ .

2. Auch Huck, Joe Harper und Sid freuen sich,
   dass Tom wieder da ist. Sie wollen mit ihm
   das Wiedersehen ganz besonders feiern.
   Was haben sie für den Freund geplant?
   Schreibe in vollständigen Sätzen in dein Heft.

   **Tipp: Die Wörter und Wortgruppen im Kasten
   helfen dir.**

   > Ausflug / morgens mit Floß zur Insel fahren /
   > Fische angeln / Insel erkunden / Lagerfeuer /
   > Nacht im Freien verbringen /
   > morgens im Fluss baden /
   > erst am nächsten Abend wieder nach Hause

3. Tom hat Indianer-Joe in der Höhle gesehen.
   Warum erzählt er zunächst niemandem davon?
   Stellt Vermutungen in der Klasse an.

4. So geht es Tom, nachdem Indianer-Joe tot
in der Höhle aufgefunden wurde.
Von dem Text ist aber nur die Hälfte
der Buchstaben zu sehen.
Erkennst du die Wörter trotzdem?
Lies den Text.

Tom hat Mitleid mit Indianer-Joe

Denn Tom weiß, wie es ist

ohne Essen und Trinken

in der dunklen Höhle eingesperrt zu sein

Tom ist aber auch erleichtert

Denn nun braucht er keine Angst mehr

vor Indianer-Joes Rache zu haben

5. Schreibe den Text von Aufgabe 4 vollständig
und in Schreibschrift in dein Heft.
Denke auch an die Satzzeichen.

**6. Wer hat den Roman „Tom Sawyers Abenteuer"
geschrieben?**

**a) Streiche zunächst die falschen Sätze und
die Buchstaben dahinter durch.**

**b) Die Buchstaben hinter den richtigen Sätzen
ergeben, von oben nach unten gelesen,
einen Namen.
Trage ihn in die Lösung ein.**

Tom und Becky sind nicht
aus der Höhle hinausgekommen.   L
Tom und Becky sind
aus der Höhle hinausgekommen.   M

Tom hat keine Lust mehr auf Abenteuer.   x
Tom hat noch immer Lust auf Abenteuer.   a

Der Eingang zur Höhle wurde verschlossen.   r
Der Eingang zur Höhle wurde vergrößert.   s

Indianer-Joe konnte aus der Höhle entkommen.   q
Indianer-Joe ist in der Höhle gestorben.   k

Lösung: Den Roman „Tom Sawyers Abenteuer"

hat ☐☐☐☐ **Twain** [sprich: Twäin] geschrieben.

Lösungen # Tom Sawyers Abenteuer

Versuche immer erst, die Aufgabe selbst zu lösen. Vergleiche dann dein Ergebnis mit den Lösungen und Lösungsvorschlägen in diesem Heft.

Lösungen und Lösungsvorschläge zu den Aufgaben von Kapitel 1: **1**

1. a) Tante Polly

   b) Sicher hast du diese beiden Sätze farbig unterstrichen:
   Sie zieht ihren Neffen groß.
   Sie kann ihrem Neffen nicht lange böse sein.

2. a) Tom

   b) Sicher hast du diese beiden Sätze farbig unterstrichen:
   Er spielt der Tante häufig Streiche.
   Er schwänzt manchmal die Schule.

3. Hier können wir dir keinen Lösungsvorschlag machen.

4. Tante Pollys Sohn heißt Sid.

5. Hier können wir dir keinen Lösungsvorschlag machen.

Lösungen und Lösungsvorschläge zu den Aufgaben von Kapitel 2: **2**

1. Sicher hast du diese Sätze durchgestrichen:

   ~~Tom will den Gartenzaun anstreichen.~~
   Tom soll den Gartenzaun anstreichen.

   Tom würde lieber mit seinen Freunden schwimmen gehen.
   ~~Tom würde lieber das Geschirr abwaschen.~~

~~Tom befürchtet, dass Fremde ihn auslachen.~~
Tom befürchtet, dass die Freunde ihn auslachen.

~~Toms Freunde gehen ohne ihn schwimmen.~~
Toms Freunde streichen den Zaun an.

2. Hier können wir euch keinen Lösungsvorschlag machen.

3. einen **Apfel**, einen **Drachen** aus Papier, zwölf **Murmeln**,
   das Mundstück einer **Trompete**, eine **Garnrolle**,
   einen verrosteten, alten **Schlüssel**, ein Stück **Kreide**

4. Hier können wir dir keinen Lösungsvorschlag machen.

Lösungen und Lösungsvorschläge zu den Aufgaben von Kapitel 3:

3

1. Tante Polly ist Toms Tante.
   Tom ist Tante Pollys Neffe.
   Sid ist Tante Pollys Sohn.
   Tante Polly ist Sids Mutter.

2. **Sid** hat **Tom** verraten. Er hat **Tante Polly** erzählt, dass **Tom**
   die Schule geschwänzt hat. Darüber hat sich **Tom** geärgert.
   Deshalb bewirft er **Sid** mit Erde.

3. Hier können wir dir keinen Lösungsvorschlag machen.

4. Seite 17: **Tante Polly**
   Seite 18 oben: **Tom**
   Seite 18 unten: **Sid**

5. Hier können wir euch keinen Lösungsvorschlag machen.

Lösungen und Lösungsvorschläge zu den Aufgaben von Kapitel 4:

4

1. Treppenstufen, Erdklumpen, Fensterscheibe, Angsthase

2. Hier können wir dir keinen Lösungsvorschlag machen.

3. Sicher hast du diese Adjektive eingekreist:
   frech, ungepflegt, dreckig, faul, ungezogen

4. Hier können wir dir keinen Lösungsvorschlag machen.

Lösungen und Lösungsvorschläge zu den Aufgaben von Kapitel 5:

5

1. Hier können wir dir keinen Lösungsvorschlag machen.

2. In den **Schulen** um 1850 gab es häufig nur einen Klassenraum. Alle Kinder wurden gemeinsam unterrichtet. Die **Mädchen** und die **Jungen** saßen aber voneinander getrennt. Der Lehrer saß höher als die Schüler. Er saß an einem **Katheder.** Früher bestraften die Lehrer ihre Schüler mit einer **Rute.**

3. So könntest du die Fragen beantwortet haben:

   a) Tom kommt zu spät, weil er sich noch mit Huckleberry Finn unterhalten hat.

   b) Der Lehrer schlägt Tom für das Zuspätkommen mit der Rute.

4. Hier können wir euch keinen Lösungsvorschlag machen.

5. Hier können wir dir keinen Lösungsvorschlag machen.

Lösungen und Lösungsvorschläge zu den Aufgaben von Kapitel 6:   **6**

1. Sicher hast du diese Sätze farbig unterstrichen:
Tom klettert aus dem Fenster. Er kriecht über das Vordach.
Dann springt er auf das Dach vom Schuppen und auf den Boden.

2. Der Friedhof ist von einem **wackligen** Bretterzaun umgeben.
Hinter dem Zaun wächst **hohes** Gras. Auf den meisten Gräbern
stehen **einfache** Holzkreuze. Auf dem Friedhof gibt es
drei **große** Bäume.

3. a) Hier können wir dir keinen Lösungsvorschlag machen.

   b) Hier können wir euch keinen Lösungsvorschlag machen.

4. Die richtigen Antworten sind:

  ☒ Muff Potter
  ☒ Doktor Robinson
  ☒ Indianer-Joe

Lösungen und Lösungsvorschläge zu den Aufgaben von Kapitel 7:   **7**

1.  die Bahre   der Baum

 das Seil    der Mond

 die Schaufel

 der Sarg    das Messer

4

2. a) Hier können wir dir keinen Lösungsvorschlag machen.

b) Sicher hast du diese Satzanfänge farbig unterstrichen:

Doktor Robinson bleibt vor einem Grab stehen und hält
eine Laterne in die Höhe.
Muff Potter und Indianer-Joe setzen eine Bahre neben
dem Grab ab.
<u>Dann</u> graben sie mit Schaufeln in der Erde.
<u>Dann</u> stoßen sie auf einen Sarg.
<u>Dann</u> ziehen sie den Sarg mit Hilfe eines Seils
aus der Erde herauf.
<u>Dann</u> brechen sie den Sargdeckel mit einer Schaufel auf.
<u>Dann</u> legen sie den Leichnam auf die Bahre.
<u>Dann</u> hüllen sie den Leichnam in eine Decke ein.

c) So könntest du die Satzanfänge ersetzt haben:

Doktor Robinson bleibt vor einem Grab stehen und hält
eine Laterne in die Höhe.
Muff Potter und Indianer-Joe setzen eine Bahre neben
dem Grab ab.
Kurz darauf graben sie mit Schaufeln in der Erde.
Plötzlich stoßen sie auf einen Sarg.
Nun ziehen sie den Sarg mit Hilfe eines Seils
aus der Erde herauf.
Danach brechen sie den Sargdeckel mit einer Schaufel auf.
Anschließend legen sie den Leichnam auf die Bahre.
Zum Schluss hüllen sie den Leichnam in eine Decke ein.

3. Muff Potter will mehr Geld vom Doktor.
Indianer-Joe will sich am Doktor rächen.
Doktor Robinson will nicht mehr Geld bezahlen.

4. Das könntest du aufgeschrieben haben:
Indianer-Joe legt Muff Potter die Tatwaffe in die Hand.
Muff Potter soll denken, dass er selbst den Doktor erstochen hat.

Lösungen und Lösungsvorschläge zu den Aufgaben von Kapitel 8: **8**

1. Ich werde niemals **jemandem davon erzählen, was ich auf dem Friedhof beobachtet habe.**

2. Wer **hat** Doktor Robinson **ermordet?**
   Wo **ist** das Verbrechen **passiert?**
   Wann **ist** der Mord **geschehen?**
   Wie **wurde** Doktor Robinson **umgebracht?**
   Warum **hat** jemand Doktor Robinson **getötet?**

3. Hier können wir euch keinen Lösungsvorschlag machen.

4. Gestern Nacht waren wir **auf dem Friedhof.**
   Muff Potter und ich haben für den Doktor **einen Sarg ausgegraben.**
   Muff Potter wollte plötzlich mehr **Geld** dafür.
   Der Doktor wollte aber nicht **mehr bezahlen.**
   Da hat Muff Potter den Doktor **erstochen.**

Lösungen und Lösungsvorschläge zu den Aufgaben von Kapitel 9: **9**

1. Diese Adjektive könntest du eingekreist haben:
   schlecht, angespannt, verzweifelt

2. Sicher hast du diese Gründe angekreuzt:

   ☒ Tom fühlt sich ungerecht behandelt.
   ☒ Tom wird sehr oft bestraft.
   ☒ Becky Thatcher beachtet Tom nicht.
   ☒ Tom hat das Gefühl, dass ihn keiner wirklich mag.

3. Hier können wir euch keinen Lösungsvorschlag machen.

4. Sicher hast du diese Bilder durchgestrichen: **die Handtücher und die Seife, den Besen, die Äpfel, die Gitarre und den Teddy**

Lösungen und Lösungsvorschläge zu den Aufgaben von Kapitel 10: **10**

1. Lieber Billy, lieber Ben, lieber Bobby,
wir **sind** auf einer unbewohnten Insel.
Nach dem Aufstehen gehen wir **baden.**
Danach **fangen** wir Fische.
Die Fische **braten** wir in Speck.
Abends **sitzen** wir am Lagerfeuer.
Es **gefällt** uns prima auf der Insel.
Wir **wollen** hier nie wieder weg!
Eure Freunde
Tom, Huck und Joe

2. a) und b) Hier können wir euch keinen Lösungsvorschlag machen.

3. Die Insel ist etwa **4800** Meter lang.
Die Insel ist etwa **400** Meter breit.

4.

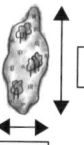 [4800] Meter Länge

[400] Meter Breite

Lösungen und Lösungsvorschläge zu den Aufgaben von Kapitel 11: **11**

1. [6] Er klettert über den Zaun am Haus.

[2] Er geht zum Inselufer.

[1] Tom steht leise auf.

[4] Dort geht er an Land.

[3] Dann schwimmt er durch den Fluss zum anderen Ufer.

[7] Schließlich schleicht er ins Haus.

[5] Er läuft in die Stadt zu Tante Pollys Haus.

2. Zuerst **watet** Tom durch das Wasser.
Als das Wasser immer tiefer wird,
schwimmt Tom gut hundert Meter in Richtung Ufer.
Schließlich **stapft** er durch
das niedrige Wasser am Ufer vor der Stadt an Land.

3. Der Fluss heißt | M | i | s | s | i | s | s | i | p | p | i |.

4. a) und b) Hier können wir dir keinen Lösungsvorschlag machen.

**Lösungen und Lösungsvorschläge
zu den Aufgaben von Kapitel 12:**

12

1. a) Hier können wir dir keinen Lösungsvorschlag machen.

  b) ⒊ die **Kirche:** Die Kirche ist das Gotteshaus
  in den christlichen Religionen.
  ⒉ die **Gemeinde:** Die Gemeinde ist die Gemeinschaft
  der Gläubigen.
  ⒋ der **Pfarrer:** Der Pfarrer ist ein Geistlicher
  einer christlichen Kirche. Er steht der Gemeinde vor.
  ⒌ die **Predigt:** Die Predigt ist die Rede des Pfarrers
  im Gottesdienst.
  ⒈ die **Empore:** Die Empore ist eine Art Balkon
  im Innenraum einer Kirche.
  ⒍ die **Trauerfeier:** Die Trauerfeier ist ein feierliches
  Zusammenkommen der Trauernden nach dem Tod
  eines Menschen.

  c) die **Empore:** Die Empore ist eine Art Balkon
  im Innenraum einer Kirche.
  die **Gemeinde:** Die Gemeinde ist die Gemeinschaft
  der Gläubigen.
  die **Kirche:** Die Kirche ist das Gotteshaus
  in den christlichen Religionen.
  der **Pfarrer:** Der Pfarrer ist ein Geistlicher
  einer christlichen Kirche. Er steht der Gemeinde vor.
  die **Predigt:** Die Predigt ist die Rede des Pfarrers
  im Gottesdienst.

die **Trauerfeier:** Die Trauerfeier ist ein feierliches Zusammenkommen der Trauernden nach dem Tod eines Menschen.

2. **a)** Hier können wir dir keinen Lösungsvorschlag machen.

b) Tante Polly küsst Tom freudig, weil er gesund und munter ist.

c) Hier können wir dir keinen Lösungsvorschlag machen.

d) Tante Polly ermahnt Tom, weil er ihr so großes Leid bereitet hat.

Lösungen und Lösungsvorschläge zu den Aufgaben von Kapitel 13:

13

1. **a)** Hier können wir dir keinen Lösungsvorschlag machen.

b) Die Verhandlung führt **der Richter**.

2. Diese Adjektive könntest du eingekreist haben:
aufgeregt, ängstlich, angespannt, hilflos, hoffnungslos

3. Indianer-Joe, der erste Zeuge, sagt mit ernster Stimme:
„Muff Potter **hat den Doktor erstochen**. Das kann ich bezeugen."

Der zweite Zeuge berichtet:
„Ich habe Potter etwa um **zwei Uhr morgens** am Bach gesehen.
Er hat sich gewaschen und ist dann **eilig davongeschlichen**."

Der dritte Zeuge sagt aus:
„Ich habe **den toten Doktor** am Morgen gefunden.
Das Messer lag **neben der Leiche**."

Die vierte Zeugin erklärt:
„Ich kenne **das Messer**. Es gehört **Muff Potter**.
Da bin ich mir ganz sicher."

4. Das könnte Tom ausgesagt haben:
Huck und ich waren auf dem Friedhof. Plötzlich sahen wir
Indianer-Joe, Muff Potter und Doktor Robinson. Sie begannen zu
streiten und der Doktor schlug Muff Potter mit einer Schaufel
nieder. Kurz darauf sprang Indianer-Joe mit Potters Messer auf
den Doktor zu. Da fiel der Doktor zu Boden.

5. a) und b) Hier können wir euch keinen Lösungsvorschlag machen.

6. Hier können wir dir keinen Lösungsvorschlag machen.

7. a) und b) Hier können wir dir keinen Lösungsvorschlag machen.

**Lösungen und Lösungsvorschläge
zu den Aufgaben von Kapitel 14:** **14**

1. a) und b) Hier können wir dir keinen Lösungsvorschlag machen.

c) Die richtige Antwort ist:

☒ die Schaufelräder an der Seite des Schiffes

2. Herr Thatcher ist Richter von Beruf.

3. Sicher hast du um diese Sätze einen farbigen Rahmen gemalt:
Sie fahren mit einer Fähre.
Sie spielen Verstecken.
Sie machen ein Picknick.
Sie erkunden eine Höhle.

4. Hier können wir dir keinen Lösungsvorschlag machen.

1. a) Hier können wir dir keinen Lösungsvorschlag machen.

b) die brennenden **Kerzen** die steile **Treppe**

 die **Fledermäuse**

2. Hier können wir dir keinen Lösungsvorschlag machen.

3. Hier können wir dir keinen Lösungsvorschlag machen.

4. Sicher hast du die Buchstaben so verbunden, dass sich dieses Bild einer **Fledermaus mit ausgebreiteten Flügeln** ergibt.

5. Viele Fledermäuse hängen **unter** der Decke. Die Fledermäuse schlagen **mit** den Flügeln. Von dem Wind geht eine Kerze aus. Schnell zieht Tom Becky **in** einen anderen Gang. Von dort aus laufen sie schnell **durch** viele Höhlengänge. Endlich sind die Fledermäuse verschwunden!

6. Hier können wir dir keinen Lösungsvorschlag machen.

1. Sicher hast du diese Adjektive eingekreist:
stockfinster, pechschwarz

2. a) Hier können wir dir keinen Lösungsvorschlag machen.

b) Indianer-Joe geht mit einer Kerze in der Hand an Tom vorbei.

3. Vergleiche deine Lösung mit den Lösungen deiner Mitschüler in der Klasse.

Lösungen und Lösungsvorschläge zu den Aufgaben von Kapitel 17: 17

1. Hier können wir dir keinen Lösungsvorschlag machen.

2. Hier können wir dir keinen Lösungsvorschlag machen.

3. Hier können wir euch keinen Lösungsvorschlag machen.

4. Hier können wir dir keinen Lösungsvorschlag machen.

5. Tom hat Mitleid mit Indianer-Joe.
Denn Tom weiß, wie es ist,
ohne Essen und Trinken
in der dunklen Höhle eingesperrt zu sein.
Tom ist aber auch erleichtert.
Denn nun braucht er keine Angst mehr
vor Indianer-Joes Rache zu haben.

6. a) Sicher hast du diese Sätze und die Buchstaben dahinter durchgestrichen:

~~Tom und Becky sind nicht aus der Höhle hinausgekommen. L~~
Tom und Becky sind aus der Höhle hinausgekommen. M

~~Tom hat keine Lust mehr auf Abenteuer. x~~
Tom hat noch immer Lust auf Abenteuer. a

Der Eingang zur Höhle wurde verschlossen. r
~~Der Eingang zur Höhle wurde vergrößert. s~~

~~Indianer-Joe konnte aus der Höhle entkommen. q~~
Indianer-Joe ist in der Höhle gestorben. k

b) Lösung: Den Roman „Tom Sawyers Abenteuer"

hat ⬛M⬛ ⬛a⬛ ⬛r⬛ ⬛k⬛ **Twain** [sprich: Twäin] geschrieben.

12